김영환 PD의
자전거 인문학

"자전거 여행은 길을 찾아가는 여행이다."
자전거로 가는 길은 단지 일직선만이 아니다.
진정한 자전거 여행자는 길을 만들며 간다.
그 길에는 옛 사람들의 체온이 있고, 땅의 숨결이 있다.

"자전거 여행은 빛을 찾아 가는 여행이다."

길에는 인간과 자연의 교감이 남아 있다.

그 시공간에 빛처럼 스며들었던 이야기는

문학으로, 역사로, 철학으로 단층 쌓이듯 숨어 있다.

자전거 여행은 길 위의 인문학을 찾아서 배우는 여정이다.

두 바퀴로 감아올린 국토의 속살, 그 교감의 기록

김영환 PD의 자전거 인문학

초 판 1쇄 2019년 11월 25일

지은이 김영환
펴낸이 류종렬

펴낸곳 미다스북스
총괄실장 명상완
책임편집 이다경
책임진행 박새연 김가영 신은서
본문교정 최은혜 강윤희 정은희

등록 2001년 3월 21일 제2001-000040호
주소 서울시 마포구 양화로 133 서교타워 711호
전화 02) 322-7802~3
팩스 02) 6007-1845
블로그 http://blog.naver.com/midasbooks
전자주소 midasbooks@hanmail.net
페이스북 https://www.facebook.com/midasbooks425

© 김영환, 미다스북스 2019, *Printed in Korea*.

ISBN 978-89-6637-729-9 13690

값 20,000원

미다스북스는 다음세대에게 필요한 지혜와 교양을 생각합니다.

두 바퀴로 감아올린 국토의 속살, 그 교감의 기록

김영환 PD의
자전거 인문학

글 사진 **김영환**

미다스북스

자전거 여행은 나를 시인으로 만든다

"자전거 여행은 스스로 페달을 밟아서 공간을 이동시키는 육체적 운동이다."

자전거로 긴 오르막을 올라갈 때면 심장은 터질 것같이 쿵쾅거리고 가쁜 숨을 몰아쉬며 언덕에 올라 이내 이어지는 긴 내리막길에서 내 몸은 무한한 자유를 느끼며 행복해진다. 이렇듯 내게 자전거는 육체적 운동이자 행복을 일깨우는 놀이 같은 것이다. 하늬바람 이는 고요한 숲길에서 자전거 안장 위에 있는 나의 시선으로 다가오는 풀, 꽃, 나무, 숲, 낙엽, 산새, 하늘, 바람…. 이 모든 자연은 내 마음의 심상을 일깨우며 나를 시인이 되게 한다.

"자전거 여행은 길을 찾아가는 여행이다."

자전거로 가는 길은 – 가야만 하는 길은 단지 일직선만이 아니다. 때로 S자 혹은 W
자를 그리며 길을 찾아간다. 진정한 자전거 여행자는 길을 만들며 간다. 진정한 라이
더는 행복을 찾아가는 여정을 추구하기 때문이다. 그 길에는 옛 사람들의 체온이 있
고, 지혜가 있고, 숨결이 있다. 자연의 경이는 여행의 동반자다. 자전거 여행자는 길
에서 지식을 익히고 지혜를 배우고 상상력을 얻는다.

"자전거 여행은 시간을 찾아가는 여행이다."

자전거 여행은 공간을 달리면서 시간을 찾아가는 여행이다. 3차원의 공간과 1차원
의 시간을 합쳐 4차원의 세계로 들어가는 시공간 여행이다. 현재의 시공간은 오랜 세
월을 지나면서 명멸하여 지금에 이어져온 것이다. 그것은 기억 속 과거의 공간을 소
환하는 여행이기도 하다. 그 대상의 장소와 인물, 자연은 어쩌면 사라졌을 수도 있지
만…. 기억을 찾아가는 여행은 떠나간 첫사랑의 풋풋한 기억을 떠올릴 때의 느낌처럼
언제나 행복한 일이다. 비록 변형되거나 사라진 것일지라도 기억의 공간에선 여전히
예전 모습 그대로 남아 있기에 기억을 찾아가는 여행은 행복하다.

"자전거 여행은 빛을 찾아가는 여행이다."

자전거를 타면서 우리는 육체적 건강을 얻기도 하지만, 심신의 수양과 함께 길 위에서 얻는 소소한 정보들도 많다. 그 길은 기나긴 세월을 거쳐 생성되고 소멸해왔다. 그 길은 오랜 기간 응축된 시간의 결과다. 길에는 수천 년의 역사가 묻혀 있고, 뭇사람들의 숨결이 배어 있다. 길에는 자연과 인간이 교감하면서 남겨진 무수한 이야기가 있다. 경쟁, 시기, 질투, 싸움도 있었고, 사랑, 설렘, 기쁨, 희망이 있었다. 그 시공간에 빛처럼 스며들었던 이야기는 문학으로, 예술로, 철학으로 단층 쌓이듯 숨어 있다. 자전거 여행은 길 위의 인문학을 찾아서 배우는 여정이다.

"자전거 여행은 행복을 찾아가는 여행이다."

자전거 여행은 풍경의 재발견이다. 실내에서 헬스 자전거를 탈 경우 아무리 인내심이 강해도 1시간 이상 타기가 힘들다고 한다. 땀이 너무 많이 나기도 하지만, 지루하기 때문이다. 그러나 똑같이 페달을 밟는 자전거인데도 그 자전거를 길에서 타게 되면 하루 네댓 시간 이상을 타도 지루하지 않다. 그 이유는 풍경이 있는 자전거 여행이기 때문이다. 풍경은 시각, 청각, 후각, 촉각으로 인지되며 궁극적으로 뇌와 가슴으로 전해진다. 그리고 안장 위의 풍경은 피로감이 없다. 내가 자전거로 100번을 올랐던 우면 산이지만 오늘 또 다시 올라가도 처음처럼 짜릿한 느낌을 받는 것도 그런 이유다. 그래서 나는 내일도 백 가지 약속을 미루고 또다시 라이딩을 떠난다.

---

* 일러두기

– 이 책에 실린 지도는 작가가 직접 그린 손지도로, 지도상 거리와 비율이 실제와 차이가 다소 있거나 일부 부정확할 수 있습니다.
– 라이더들끼리 쓰는 은어가 본문에 포함되어 있습니다.
    ① 자전거를 끌고 가는 것 : 끌바   ② 들고 가는 것 : 들바   ③ 메고 가는 것 : 멜바

추천사

다큐멘터리 작품을 통해 우리에게 남다른 감동을 전해주는 김영환 PD가 이번에는 자전거와 국토, 길에 대한 책을 내었습니다. 한 땀 한 땀 자전거를 타고 다니며 멋진 길과 명소를 탐방하고 잔잔한 여운을 주는 진솔한 글과 사진으로 담아냈습니다. 이 책에는 사람과 자전거와 자동차, 그리고 사유와 휴식이 공존하는 온전한 길(Complete street), 건강하고 행복한 공간을 함께 만들어보자는 저자의 메시지도 담겨 있습니다. 자전거와 공간을 인문학으로 접목하며 그간 추구해온 다큐멘터리 작가 정신을 온몸으로 녹여낸 이 책을 통해 많은 분들이 자전거와의 멋진 여정을 시작하길 기원합니다.

– 류재영 (한국자전거정책연합 회장)

자전거 바퀴는 길을 따라가며 땅의 생김을 읽는다. 생김새에 따라 몸은 반응하며 자전거는 균형을 잡는다. 바퀴가 지나간 땅의 숨결은 바이커들의 몸속에 늘 살아 있다. 그런 기억들을 들춰내어 생명을 부여하는 기록들이 김PD의 블로그에 있다. 내용이 입체적이고 유익하다. 글과 여행 일정과 현장의 실제 보다 실감나게 묘사하는 DSLR 사진이 걸출하다. 진정으로 애쓴 것이기에 소중하다. 이번에 책으로 출판을 한다고 하니, 자전거 여행을 원하는 이 땅의 바이커들과 함께 나눌 수 있기를 바란다. 우리 국토를 체험하고 사랑하는 바이커들에게 귀한 정보와 풍성한 이야깃거리가 되리라 믿는다.

– 김명기 (서울대명예교수, 한국보건의료정보원 이사장)

10년 넘게 매주 금요일 〈시청자 칼럼〉 프로그램 녹음을 함께한 우리 김영환 대장님! 더빙실에서 김 PD님 행복한 미소가 왜 그렇게 한결같았는지 이 책을 통해 알게 되었습니다. 주말의 자전거 여행을 코앞에 둔 큐사인은 늘 경쾌하고 산뜻했어요. 앞으로도 계속될 자전거 라이딩도 청청한 하늘 아래 더 푸르고 더 즐겁게 펼쳐지길 응원합니다!

– 박형욱 (KBS 성우)

오직 내 힘으로 페달을 돌려서 나아가는 자전거는 성실하고 순수한 사람이 더 잘할 수 있다. 내 동기인 김영환 PD도 성실하고 순수한 사람이다. 그런 까닭인지 그는 간혹 큰 사고를 쳤다. 20여 년 전 KBS의 어두운 시절 그는 개혁실천특별제작팀을 만들었고, 사내민주화 운동에도 앞장섰다. 그런 그가 이번에는 자전거로 사고를 쳤다. 마음의 행복을 찾아가는 자전거 인문학 여행에 여러분을 초대한다.

– 김승우 (KBS예능국 PD)

새소리 물소리만 들리는 호젓한 오솔길. 오랜 전설이 서려 있는 들판과 골짜기, 거기에다 맛있는 식당! 자전거 라이더라면 누구나 탐내는 정보겠죠? KBS 김영환 PD가 마침내 직접 발굴한 보석 같은 자전거 로드를 소개합니다. 김영환 PD는 오랜 세월 자전거 동호회의 〈길짱〉을 맡아 전국 방방곡곡 외진 시골 길과 임도를 돌며 수많은 로드를 개척한 선구자입니다. 게다가 다큐멘터리 전문 PD로 역사와 인문학에도 밝아 길에 서린 사연을 풀어내는 입담이 대단하시죠. 더구나 감성이 풍부하고 글솜씨마저 빼어난 PD입니다. 자전거가 아니더라도 혼자 먼 길을 여행하고 싶은 꿈을 꿔본 분이시라면 재미있게 읽을 만한 책이죠. 『김영환 PD의 자전거 인문학』 강추합니다!

– 정재홍 (MBC 〈PD수첩〉작가, 한국방송작가협회 부이사장)

방송 입문으로는 후배, 인생으로는 누가 먼저 세상에 나왔는지 잘은 모르지만 아무래도 선배이길 간절히 바란다. 후배가 이런 책을 만들었다면 난 쥐구멍이라도 파서 들어가고 싶은 심경일 테니까. 〈다큐3일〉과 〈행복한 동행〉으로 서로에게 팬이 되어버린 어느 날, 김 PD로부터 날아온 왕피천 계곡 속의 사진 몇 장, 세상에 태어나 그토록 맑은 물속은 처음 보았다. 순간 가슴이 뛰기 시작했고 최근 걷기에 빠져버린 난, 내 발걸음이 닿는 곳마다 머릿속에 손 지도를 그렸는데 세상에, 이 책 속에 내 상상으로만 그려왔던 지도들이 활자로 나와 있다니…. 걸어본 사람들, 달려본 사람들은 물론 라이딩을 경험해본 사람들이라면 이 책에 격하게 공감할 것이다. 삶이 무력하고 시시하고 재미없는 그래서 쓸쓸해지는 이 계절, 외로움과 우울증에 힘들어하시는 분들은 페이지를 넘길 때마다 세상의 아름다운 입자들에 감동해 새로운 세계를 경험할 것이다.

– 김현주 (배우, CBS 음악FM 〈김현주의 행복한 동행〉의 진행자)

목 차

첫 번째 자전거 여행

길을 찾아가는 길

두 번째 자전거 여행

시간을 찾아가는 길

세 번째 자전거 여행

빛을 찾아가는 길

네 번째 자전거 여행

행복을 찾아가는 길

첫 번째 자전거 여행

길을 찾아가는 길

태안 해변길 - 인제 · 고성 새이령 - 선자령 · 대공산성 -
여주 여강길 - 영주 · 예천 내성천 - 울진 십이령 - 남양주

태안 해변길

산호빛 노을 속에 빛나는 포구

先生何日去(선생하일거)

後輩探景還(후배탐경환)

三月鵑花笑(삼월견화소)

春風滿雲山(춘풍만운산)

선생은 어느 날에 다녀갔는지

문생(門生)이 절경을 찾아 돌아오니

삼월의 진달래꽃 활짝 피고

춘풍은 운산(雲山)에 가득하구나

— 이태백 (태안 태배길)

당나라의 시인 이태백이 태안 해변에 왔다가 경치에 도취한 나머지 며칠을 머물면서 해변의 어느 바위에 시를 적어두었다고 한다.

태안이 얼마나 매력적인 곳이기에 시선의 발걸음마저 유혹했는지 그 사실 여부는 알 수 없다. 우리나라의 대표적인 리아스식 해안을 간직한 태안군은 관내의 해안선 길이가 530킬로미터에 달한다고 한다. 이번에는 태안 해변길의 한 부분을 따라가는 자전거 여행이다.

진달래꽃 핀 능선에 오르다

여정의 시작은 만리포다. 우리는 해변을 높은 데서 관조하기 위해 산으로 자전거를 끌어올렸다. 초입은 비교적 가파르지만 20여 분 오르니 능선이 완만하다. 솔잎이 깔려있어서 길이 폭신폭신해 바퀴가 잘 굴러가지 않는다. 하늘은 빗살을 뿌릴 듯 잔뜩 찌푸려 있고, 산은 살랑살랑 부는 봄바람으로 시원하다. 진달래꽃 핀 능선에 오르니 운무로 가려진 먼 산이 조금씩 모습을 드러내기 시작한다. 능선을 따라 곧장 달려가니 여기서 최고봉인 국사봉(해발 약 160미터)이다.

오늘 우리가 가는 길은 태안해변길 7개 구간 중 제2구간(소근진성~만리포, 약 25킬로미터)을 거꾸로 가는 변형코스다. 제2구간은 원래 신두리 지나서 만리포까지 해변을 따라가는 길인데, 그 해변길을 버리고 산으로 올라온 것이다. 바다는 왼쪽으로 만리포와 천리포, 오른쪽으로 의항 앞바다와 신두리 해변으로 이어져 있다. 산 위에서 시원한 해풍을 맞으니 올라올 때 고생은 모두에게 보상이 되고도 충분히 남은 것 같다.

국사봉을 지나고 삼거리에서 왼쪽 천리포 방향으로 내려가는데 길이 가파르다. 실력 있는 사람은 타고 내려가고, 실력 없는 사람은 끌고 간다. 산길이 끝나는 곳에서 천리포가 가깝지만 우리는 오른쪽 의항3리 방향으로 페달을 밟았다. 천리포는 돌아오는 길에 보기로 했다. 해변길을 따라 개목항을 지나고 '재너머 마을'이란 곳에서 야트막한 언덕길을 넘었다. 비교적 긴 백사장이 나왔다. 옆엔 곰솔림이 있어 운치가 있다.

나무 데크 구간을 지나고, 작은 해변을 지나고, 고개를 오른 뒤 오른쪽으로 100여 미터 가니 전망대 하나가 있다. 태배전망대라는 곳이다. 이태백이 이곳의 경관에 반해 방문했다는 전설을 스토리텔링하며 그 이름도 멋진 전망대를 세웠다니 기발하다. 사실 이 전망대는 폐기된 군 막사를 개조한 것이라고 한다. 태안해변길 기획자의 창의성이 기발하다.

건물 옥상이 개방되어 올라가니 바다 건너 동쪽으로 신두리 해변과 해안사구가 펼쳐져 보인다. 전망대에서 내려와서 다시 왔던 길로 되돌아 나갔다. 이 길은 2007년 '삼성1호-허베이 스피릿 호 원유 유출 사고' 당시 전국의 수많은 자원봉사자와 주민들이 기름을 제거하기 위해 다니던 길이기도 했다. 그래서 이 길은 당시 청정바다 복원을 바라는 간절한 소원이 담겨 있는 길이기도 하다. 그래서 이곳 해변길 2구간의 이름이 소원길이다.

태배전망대에서 1킬로미터쯤 지나 삼거리에서 오른편 길로 들어갔다. 가르미끝산으로 가는 길이다. 호젓한 길을 700여 미터 정도 달리면 파도 소리가 크게 들린다. 그 소리에 이끌려 바다로 내려가면 천혜의 경관이 여행자의 마음을 일렁인다.

천리포 수목원

가르미끝산 해안의 아름다움에 취한 탓일까, 이어지는 또 다른 바다인 구름포 - 일리포 - 십리포의 해안 풍경은 이젠 대수롭지 않다. 풍경도 한계효용 체감의 법칙이 적용되는지. 그러나 목적지에 다가올 무렵, 여행이 종료된다는 아쉬움 때문일까. 다시 풍경의 유혹에 이끌린다. 멀리서 바라본 백리포 해변이 시선을 이끈다.

아름다운 천리포, 낭만이 있는 만리포

산길을 따라 다음 코스인 천리포로 내달렸다. 방금 썰물이 시작된 듯, 물기를 머금은 바다 모래는 황토색을 띄고 있다. 여기서 조금 지나면 지구상에서 가장 아름답다는 천리포 수목원이다. 18만 평 규모의 이곳엔 목련 400종, 동백 380종, 단풍나무 200종 등 1만 4,000여 종의 식물이 식재돼 있다고 한다. 수목원에선 4월에서 5월말까지 봄꽃 축제 기간에 맞춰 가지각색의 꽃으로 지상낙원을 이룬다.

이 수목원은 외국인 민병갈 박사(본명 Carl Perris Miller 1921~2002)가 40년간 조성한 것이다. 결혼도 하지 않고 오로지 식물에 대한 열정으로 한국에서 살아온 박사는 2002년 그의 유작인 수목원의 나무 곁으로 돌아갔다. 서거 10주기인 2012년, 너비 50센티미터, 깊이 50센티미터 가량 땅을 파서 꽃잎을 바닥에 뿌리고 꽃잎과 혼합한 흙으로 고인의 유골을 덮는 수목장이 거행됐다고 한다. 바다와 접한 곳 곰솔 사이로 반짝이는 바다는 천리포 수목원의 또 다른 멋진 풍경이다. 시간이 더 있다면 해변의 언덕에서 아름다운 낙조를 감상할 수 있다면 더욱 좋겠다.

천리포 수목원을 나와 만리포로 향했다. 1955년 첫 개장 이래 서해안의 대표적 해수욕장으로 이름을 날린 만리포. 만리포 해변엔 1960년대 불렸던 〈만리포 사랑〉 노래비가 서 있다.

똑딱선 기적 소리 젊은 꿈을 싣고서
갈매기 노래하는 만리포라 내 사랑
그립고 안타까워 울던 밤아 안녕히
희망의 꽃구름도 둥실 둥실 춤춘다.
…
수박빛 선그라스 박쥐양산 그늘에
초록빛 비단물결 은모래를 만지네.
청춘의 젊은 꿈이 해안선을 달리면
산호빛 노을 속에 천리포도 곱구나.

만리포

가난했어도 청춘이 있었고, 힘들었어도 낭만이 있었다. 그 노래를 즐겨 부른 이들은 상당수 고인이 됐을 것이다. 〈만리포 사랑〉 노래비 사이로 해가 거의 넘어가기 직전이다. 갈 길이 먼데 다들 떠날 생각이 없다. 일리포, 십리포, 백리포, 천리포, 만리포. 시선 이태백이 어쩌면 그랬던 것처럼 태안 해변 풍경에 도취된 나의 자전거는 그 후로도 이곳 해변을 여러 차례 향했다.

나는 학암포에서 신두리까지의 제1구간, 소근진성에서 만리포까지의 제2구간, 그리고 근흥면 소재지에서 몽산포를 지나 꽂지 해변까지(4, 5구간)까지 달렸다. 3구간과 6, 7구간은 나에게 남겨진 숙제 코스다. 태안해변길 1,500리 길에 대한 여행기도 조만간 완성될 것이다.

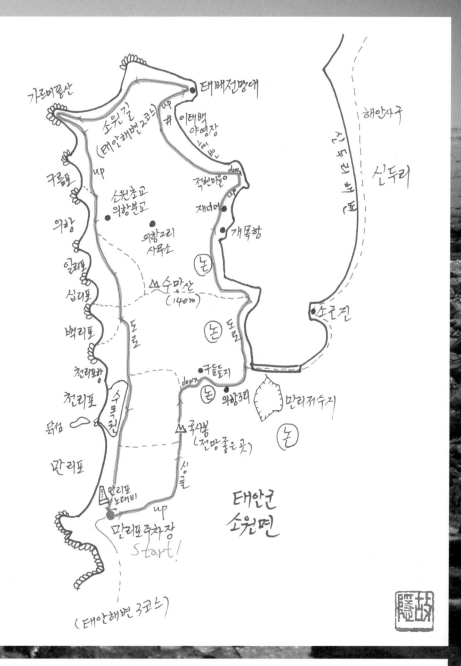

* **태안해변길 제2구간** (단위 km)

만리포 – 2.5 – 국사봉 – 4 – 만리저수지(제방) – 3.5 – 개목항 – (재너머, 적현마을) – 2.5 – 태배전망대 –
1.7 – 가르미끝산 – (구름포, 의항, 백리포, 천리포) – 10 – 만리포

인제 · 고성 새이령

기다리지 않아도 오고 기다림마저 잃었을 때도 너는 온다

　새이령. 강원도 인제군 북면과 고성군 토성면 사이에 있는 백두대간 고개로 대간 령이라고도 한다. 해발 642미터인 이 고개를 자전거로 넘어가려면 쉽지 않다. 잘 타는 사람도 상당 구간에서 자전거를 끌고 메고 해야 겨우 갈 수 있기 때문이다. 그래서 MTB(mountain bike) 전문가가 아니면 추천하지 않는다. 누군가에겐 이 길이 최악의 코스일 수도 있지만 자전거를 들고 메는 데 익숙한 사람에게는 최고의 MTB 코스가 된다. 나는 후자에 속한다.

　7~8년 전 자전거 동호인 카페에 새이령 사진이 한 장 올라왔다. 곧게 뻗은 전나무 숲 사이로 호젓하게 나 있는 오솔길이 인상적이었다. 가을빛이 완연한 때 가야지 마음먹었지만 오랫동안 가지 못했다.

그러다 2018년 가을, 꿈꾸던 새이령 라이딩이 이뤄졌다. 수없이 건너야 하는 물길과 고운 단풍 빛깔, 낙엽이 덮여 길을 분간할 수 없는 외진 땅을 지나 마장터의 고요하고 좁은 길의 풍경은 아직도 강렬한 기억으로 남아 있다.

열댓 개울 돌다리를 건너야 오를 수 있는 작은 새이령

지난해엔 진부령에서 시작해 흘리 계곡을 따라 마장터로 진입했는데, 이번엔 계곡물이 많아서 코스를 바꿔봤다. 용대교차로에서 미시령 가는 방향에 있는 박달나무쉼터를 들머리로 해서 마장터로 들어가는 코스를 택했다.

쉼터 옆 계곡물은 이틀 전에 내린 비로 크게 불어났다. 기존 돌다리가 물에 잠겨 있어서 건널 수 없자 쉼터 주인이 달려 나와 새 길을 안내했다. 앞에 있는 바위산 아래로 등산로가 있으니 거기로 가라고 알려줬다. 쉼터에서 도로를 따라 4백 미터쯤 지나서 다리를 건너면 왼쪽으로 등산로가 있다. 초입부터 자전거를 끌어야 한다. 칼처럼 뾰족한 돌이 흩어져 있는 너덜지대를 지나고, 300미터 정도 가니 버젓한 등산로가 나왔다. 그러나 페달 질을 몇 번 하면 이내 내려야 하는 그저 맛보기 길에 지나지 않았다.

이제 작은새이령까지 수도 없이 내를 건너야 한다. 일고여덟 번째까지는 그 수를 세었는데 이후엔 까먹어버렸다. 등산객의 왕래가 잦아서 그런지 길이 빤들빤들하다. 계곡물은 저쪽 흘리 계곡에 비해선 깊지 않아서 건너기가 비교적 편하다.

작은새이령 오르는 길

열댓 개의 돌다리를 건넜을까, 이제 본격적인 오르막길이 나온다. 등산로는 곱다. 자전거를 끌며 앞사람을 따라 무작정 오른다. 숨이 차오른다. 쉬어가고 싶은 마음이 생길 때쯤 앞서 나간 두 사람이 약수터에서 기다리고 있다. 호스를 따라 흘러내리는 물은 아래로 받쳐진 그릇에 차서 넘친다. 물이 차고 맛있다. 약수 한 잔으로 피로가 풀린다. 호흡을 가다듬고 고개로 향해 다시 자전거를 끌었다. 얼마를 더 가자 파란 하늘이 보인다. 산과 하늘이 맞닿은 곳 그 아래가 작은새이령 고개다.

고갯마루엔 돌무지가 있다. 커다란 당산나무 아래 성황당이 있다. 성황당은 다른 말로 서낭신을 모시는 곳으로 마을의 안녕을 비는 신성한 기도처다. 성황당에는 대개 당집이 있고, 성황당 주변에 금줄이 쳐져 있다. 이곳 성황당에도 당산나무 아래 굴피 두장으로 지붕을 얹어 앙증맞게 지은 당집이 있다. 그 안에는 누가 갖다 놓았는지 사과한 개, 귤 한 개가 놓여 있다. 주위로 쳐진 금줄에는 등산객들이 매달아놓은 리본이 달려 있다. 예나 지금이나 성황당은 길손들의 기도처다.

일행은 보호대를 착용하며 하산 길에 대비했다. 고개 아래 마을이 마장터다. 그러나 마장터 내려가는 길은 의외로 경사가 완만하다. 쭉 내려가니 침엽수와 활엽수 숲 사이로 반듯한 오솔길이 있다. 마장터는 말 그대로 마장, 즉 말이 거래되는 장터라는 뜻이다. 예전에 내륙이나 바다에서 출발한 보부상과 그들이 타고 온 말들이 쉬어가던 곳이었다고 한다.

마장터 숲속엔 자연인이 살고 있다

마장터에는 한때 서른 집 정도가 살았을 정도로 터가 넓다. 1970년대 초 이곳에 살던 사람들이 당시 화전민 정리 사업으로 소개되어 밖으로 나갔고, 그 자리엔 낙엽송이 심어졌다. 그후부터 이곳은 사람이 살지 않는 자연의 땅이 되었다.

마장터 오솔길을 따라 가다가 삼거리에서 오른쪽으로 잠시 들어가면 오두막집이 있다. 지금 마장터에는 할아버지 한 분을 포함, 두 세대가 살고 있다. 오늘따라 오두막집 할아버지는 안 계시고, 그 옆에 사는 다른 '자연인' 한 분이 있다. 그의 집 처마 밑에는 버섯과 다래가 널려 있다. 초가집 기둥에는 펜으로 쓴 시가 걸려 있다.

기다리지 않아도 오고

기다림마저 잃었을 때에도 너는 온다.

…

너를 보면 눈부셔

일어나 맞이할 수가 없다.

…

가까스로 두 팔을 벌려 껴안아보는

너, 먼 데서 이기고 돌아온 사람아

마장터 오두막집

이성부 시인의 시 「봄」이다. 시인이 기다리던 봄의 상징이 무엇이든 자연인에게 봄은 또 다른 어떤 의미가 있을 테지. 사랑하는 가족 혹은 연인의 해후, 건강의 회복, 어떤 꿈의 실현, 염원의 회귀…. 그런 건 아닐까.

사람들은 어떤 절박함이 없이 외따로 살지 않는 법이다. 홀로서 어찌할 수 없을 정도의 좌절, 현실 생활에 대한 심한 염증, 극도의 절망감, 그런 것 때문에 자연으로 들어간 사람이 많다. 천석고황(泉石膏肓)의 병에 빠질 정도로 자연에 심취한 조선 후기 안동김씨 세도가문이었던 김창흡(1653~1722)의 경우가 그 예다. 아버지는 영의정 김수항이며 형 또한 영의정을 지낸 김창집으로 명문가 출신인 그는 벼슬에는 뜻이 없고 오직 산수를 즐기며 세월을 보냈다. 한때는 철원 삼부연 폭포 근처에 있는 산골짜기 마을로 들어가 그곳 경치에 반해 집을 짓고 생활을 한 적도 있었다.

직접 산으로 들어가진 못해도 늘 마음만은 산중으로 회귀한 사람들이 또 얼마나 많은가. 요즘 어느 종편 채널의 〈나는 자연인이다〉 프로그램의 인기를 보면 이해가 될 것이다. 나 또한 은퇴 후 귀산촌의 로망을 여전히 버리지 못하고 있으니……

여기서 새이령까지 또 수없이 내를 건너야 한다. 물이 깊어 돌다리를 잘못 헛디뎠다 간 빠지기 십상이다. 등산객들은 스틱을 의지해 돌다리를 건너고 자전거족들은 자전거 바퀴를 의지해 건넌다. 등산로는 수백 년 전부터 많은 사람들이 오르내려서 그런지 길이 깊이 파져 있다. 비가 많이 내릴 때 물길이 자꾸 나는 바람에 길이 점점 파여진 것이다. 등산로 옆으론 산죽이 군락을 이루고 있다. 숲 사이로 하늘이 트인 저곳이 새이령 고개인 줄 짐작하고 가보면 길은 또 한 구비 돌아 산으로 오르고….

"새이령은 앞으로도 한 시간은 더 가야 할 거야!"

마음을 비우고 올라가는데 저 멀리로 돌무지가 보인다. 새이령 정상이다. 희한하다. 축지법을 쓰지도 않았는데 벌써 새이령이라니. 조급한 마음을 먹지 않으면 목적지는 더 쉽게 다가온다. 다년간 경험으로 터득한 진리다.

산바람 바닷바람이 만나는 백두대간 새이령에 오르다

한자어로 대간령인 새이령은 해발 642미터 고개다. 새이령의 새는 '사이'의 준말이다. 이 고개가 북으로 진부령과 남으로 미시령 사이에 있는 고개라고 해서 새이령이라고 이름이 붙여졌다고 한다. 새이령 정상에서 맛보는 공기는 유달리 시원하고 맛있다. 산바람과 바닷바람이 만나는 지점이라서 그럴까. 그래서일까. 사람들의 표정이

밝기만 하다. 높은데 오르면 마음이 넓어지고 이상이 높아진다. 높은 하늘 아래 너른
대지를 호흡하며 얻어지는 호연지기의 기상이 생기기 때문일 것이다.

새이령(대간령)

나뭇가지 사이로 푸른 동해가 희미하게 보인다. 이제 바다까지 길은 100% 내리막이
다. 가파르기 그지없는 길 오른쪽으로 낭떠러지가 천길 절벽을 이루고 있다. 흙은 산
사태로 많이 유실돼 있다. 등산로 옆으로 촘촘히 박은 말뚝에 밧줄을 매서 길게 이어
달아 놓은 까닭에 심리적 불안은 조금 줄어들지만 아찔했다. 갈지자 모양으로 꼬불꼬
불한 등산로를 지나면 붉은 단풍잎 사이로 낙엽이 깔린 아름다운 길이 이어진다. 이곳
을 지나는 시각은 늘 오후 녘이라 빛이 아쉽다. 그러나 응달임에도 단풍은 자태가 참
곱다.

모퉁이를 돌아가니 비교적 너른 평지가 나온다. 옛날 주막이 있던 자리임을 알리는
표지판이 있다. 예전에 주막 근처에 참샘물내기가 있었다고 한다. 달디 단 샘물로 빚

은 술은 맛이 어떠했을까. 고성에서 출발한 보부상이 산길을 따라 여기에 도착할 때쯤 주막에서 맛보는 그 술맛, 말해서 뭐하랴.

마운틴 자전거

산악자전거(MTB)는 임도와 같은 길에서 빠른 속력으로 달리기에 적합하도록 만든 크로스컨트리(Cross country, 일명 xc), 내리막만 질주하는 다운 힐(Down hill), 업 힐과 다운 힐에 두루 편리하게 탈 수 있도록 만든 올 마운틴(All mountain) 등으로 분류할 수 있다.

주막 터 아래로는 길이 좋다. 그러나 초보는 몇 바퀴 굴리기도 쉽지 않다. 요즘 올 마운틴 자전거는 앞 샥(포크)의 앵글이 66도 내외로 누워져 있고, 안장의 높이를 조절할 수 있는 가변 싯 포스트도 있어서 안장을 낮춘 상태로 타게 되면 내리막길도 편안하고 안전하게 탈 수 있다. 단차가 50센티미터 이상 되는 계단이 나오더라도 속도를 낸 상태에서 핸들을 살짝 들어주면서 자전거를 내던지듯 하면 두 바퀴는 나도 모르게 아래쪽으로 편안하게 착지되고, 그때 몸은 이루 말로 할 수 없는 쾌락을 느낀다.

야호! 하면서 내려오니 도원 임도와 만났다. 길게 내려온 것 같은데 새이령 고개에서 여기까지가 고작 1.3킬로미터다. 여기서 도원리 마을까지는 왼쪽 임도를 선택하면 10킬로미터, 오른쪽 임도를 택하면 4킬로미터다. 에너지가 남아 있으면 왼쪽으로 가고, 그렇지 않으면 오른쪽으로 가는 게 좋다. 우리는 오른쪽 임도를 택했다. 시간이나 체력의 여유가 있으면 나는 왼쪽 임도를 추천하고 싶다. 그리로 가면 동해바다를 조망할 수 있기 때문이다.

자! 동해바다로

해를 등지며 홀로 달리는데 뒤에서 한 사람이 쏜살같이 달려온다. 동행을 위해 자전거의 속도를 서로 맞췄다. 라이더 둘의 그림자가 길 위로 길게 드리우며 동해바다를 향해 빠르게 나아간다.

　도원리 저수지에서 아야진까지는 전반적으로 내리막이라 질주하기 좋다. 산을 넘으면서 속도를 내지 못한 것에 대한 보상이라도 받으려는 듯, 동해를 향해 빠르게 달렸다. 이어서 맞이하는 아야진 해변과 청간정 앞바다, 청진 해변 그리고 영랑호 옆을 지나 속초까지 이어지는 해파랑 길! 역시 바다는 동해가 최고!

　험난한 길 때문에 몹시 힘이 들었을 테지만, 아무도 피로한 기색을 보이지 않는다. 육체적 고통의 합보다는 기쁨의 합이 더 크기 때문일까. 아름다운 풍경, 가을바람, 그리고 함께 달리며 얻게 된 동료 라이더와 교감을 통해 얻은 이 모든 기쁨의 합이 월등하게 크다는 사실 때문이다. 결국 유쾌 상쾌한 기억만 뇌리에 남는다.

　그 기쁨은 또 언젠가 내 몸을 다시 이곳으로 향하게 할 것이다. 그때는 시간에 쫓기지 않고 여행을 하고 싶다. 마장터 오두막집에도 들러 그 집 문지방에 오래 앉아서 햇살도 쬐보고 싶다. 그곳에 서식하는 온갖 산새 소리도 듣고, 숲에서 퍼져 나오는 맑은 공기를 맘껏 마시고 싶다.

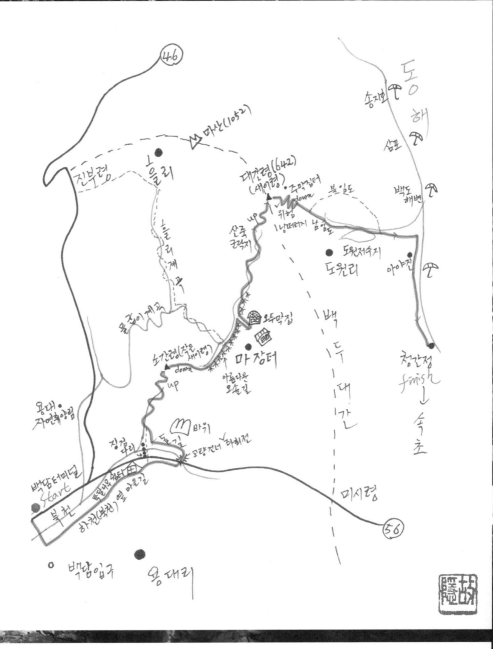

＊ 새이령 넘어 속초로 (단위 km)

백담입구 – 4.5 – 박달나무쉼터 – 3.5 – 작은 새이령 – 0.6 – 마장터 오두막 – 2.5 – 새이령 – 1.5 – 도원임도 – 4 – 도원리 – 11 – 아야진 – 13 – 속초

선자령 · 대공산성

대한민국에서 가장 아름다운 싱글 트레일

누가 한국에서 가장 아름답고 멋진 산악자전거 코스가 어디냐고 묻는다면 나는 주저 없이 '선자령 – 대공산성' 코스라고 말한다. 왜냐고?

이보다 길고 긴 싱글, 이보다 더 강한 쾌락을 선사하는 코스는 없기 때문이다. 몇 해 전 대공산성 코스를 처음 접한 이후 그곳만 예닐곱 번을 라이딩한 후 내가 내린 결론이다.

싱글

좁은 오솔길을 뜻하는 싱글 트랙 트레일(Single track trail)을 줄여서 라이더들은 싱글 이라고 부르곤 한다.

선자령–대공산성 라이딩은 선자령 아래의 목초지가 푸른빛을 띠기 시작하는 5월 말부터 마지막 초록빛이 남아 있는 9월 말까지가 최적기다.

이곳에 올라 산과 산이 아련하게 중첩되는 백두대간의 풍경은 정말 압권이다. 낙엽이 진 10월 이후에는 선자령 초지의 푸른색이 사라지고 없지만 가을의 운치를 느끼기에는 최적기다. 특히 대공산성과 108계단 이후 긴 오솔길로 바퀴를 굴릴 때 상승되는 황홀감은 이루 말할 수 없다.

대관령에서 선자령까지

횡계 시외버스터미널에서 대관령 휴게소까지는 5.5킬로미터 거리로 완만한 오르막길이다. 워밍업이라고 생각하고 천천히 달렸다. 만약 초장부터 속도를 냈다간 선자령을 오르기 전에 이미 지칠 수 있다. 덕택에 오늘은 대관령 휴게소에서 쉬지 않고 선자령으로 바로 올라갔다. 전에는 대개 첫 삼거리에서 KT중계소로 올라갔는데 오늘은 국사성황사로 직행했다. 성황사는 대관령 바로 아래에 있는 서낭당이다. 이곳은 대관령을 넘는 길손들의 기도처와 같은 공간이다. 오늘도 성황사 문지방 앞에는 암탉이 제물로 바쳐져 있다.

하드테일

산악자전거(MTB)는 노면의 충격이 차체에 전달되지 않도록 서스펜션 포크를 사용하고 있다. 프레임 뒤쪽에도 속 업소버(shock absorber)를 달아서 뒷바퀴 충격을 흡수하는 자전거도 있다. 앞뒤에 서스펜션이 모두 있는 자전거는 풀샥(full shock)이라고 하고, 뒤쪽에 서스펜션이 없는 자전거는 하드 테일(hard tail)이라고 한다. 서스펜션 트레블 즉, 왕복거리가 160밀리미터 이상 길수록 험로를 타기가 좋다.

성황사에서 대관령 옛길로 약 400미터 올라가면 조금 전 갈라졌던 그 도로와 다시 만나게 된다. 거기서 1킬로미터 더 올라가면 왼쪽으로 선자령으로 가는 등산로가 있다. 등산로는 키 낮은 관목들 사이로 쭉 이어져 있다. 길은 높낮이가 그다지 심하지 않지만 바닥에 각목을 가로질러 박아놔서 자전거 타기가 조금 고약하다. 다른 한 분의 자전거는 뒷바퀴에 충격 흡수 장치가 없는 하드테일이라서 노면이 심하게 울퉁불퉁한 이런 길에서 타기엔 젬병이다.

선자령 초원을 지나 곤신봉을 향해 오르는 자전거 여행자들

길에는 돌덩이가 군데군데에 있어 자전거를 타다 내리다 몇 차례 반복하다 보면 평원같이 널찍한 숲속 길이 나타난다. 길은 숲속으로 완만한 곡선을 이루고 있다. 탄성이 절로 나온다. 싱글 길의 재미를 느낄 즈음, 풍력발전 프로펠러가 나타난다. 전망이 탁 트인 멋진 곳이다. 아름다운 경치 덕분에 업 힐(up hill)의 고통은 금세 잊혀진다. 바람이 흔한 곳이 선자령인데 오늘은 바람 한 점이 없어 유감이다.

선자령에서 곤신봉 입구까지 백두대간 고원길

선자령 정상을 향하여 자전거를 끌고 오르면 풍력발전기와 초지가 멋진 풍광을 이룬다. 초원 위로 선자령이 보인다. 정상은 초지가 끝나는 곳에서 걸어서 2~3분 거리다. 선자령 정상에는 가봤자 다시 내려와야 해서 굳이 오르고 싶지 않지만, 처음 온 분을 생각해서 오늘도 정상을 또 올랐다.

'백두대간 선자령 해발 1,157미터'라고 새긴 커다란 표지석에서 인증 샷을 찍고, 오르던 길로 다시 하산했다. 초지에서 내려와 내리막길을 달리면 목장길 사거리가 나온다. 곧바로 왼쪽 길은 대관령 내려가는 방향이고, 바리케이드가 쳐진 오른쪽 길은 곤신봉 방향이다. 여기서부터는 1킬로미터 정도 내리막길이다. 길은 평탄해서 속력 내기가 좋다. 내리막 다음은 필히 오르막. 그래서 내리막이 그리 반갑지만은 않다. 그런데 이곳 오르막은 천천히 호흡을 조절하면서 페달을 밟으면 숨이 그다지 차지 않을 정도로 완만하다.

곤신봉 오르기 직전, 오른쪽으로 키 큰 소나무 한 그루가 보이면 바로 우회전해야 한다. 소나무 옆에는 밤나무가 한 그루 서 있다. 2년 전 어느 일행은 무거운 보온병에 커피를 담아와서 일행들에게 대접했다. 여기 오면 그 커피의 향이 떠오른다.

길고 긴 대공산성 산길

밤나무 아래에서 일어나 몸을 조금 움직이면 낙엽이 떨어져 앙상해진 나뭇가지 사이로 동해 바다가 보인다. 등산로는 강릉을 향해 내려가는 능선 위로 뻗어져 있다. 등산로 바로 아래엔 약수가 있다. 용천약수라는 이름의 샘이다. 해발 1,100미터 고지에서 샘물이 솟다니 신기하다. 극심한 가뭄 때를 제외하곤 늘 흘러나온다고 한다. 용천약수에서 일정 거리까지는 자전거를 끌다 타다를 반복해야 한다. 더러 안장 위로 올라타 보기도 하지만 이내 내려야 하니 이런 길에선 '끌바'가 만사형통. 이렇게 500여 미터 전진하면 대공산성 표지석이 나온다. 여기부터는 탈 수 있는 길이 훨씬 길다.

대공산성은 5세기 경 고구려와 말갈의 침입을 막기 위해 신라가 축조했다고도 하고, 8세기 경 발해의 대조영이 쌓은 산성이라는 전설도 있다. 사람들은 이 높고 깊은 산중에 무엇을 지키려, 무엇이 두려워 산성을 축조했을까. 표지석에서 몇백 미터 지나면 등산로 좌우로 고스란히 남은 산성이 또 있다. 등산로 바로 옆에는 주춧돌이 있다. 위치상 이곳이 성문이 있던 자리 같다. 이 주변에 평평한 땅도 있고, 곳곳에 샘이 있어 외적에게 맞서 오래 버틸 수 있는 천혜의 요새임에 틀림없다.

천여 년 전, 이 높고 외진 산성 안에서 가슴 졸였을 뭇 백성들, 혈투를 벌이며 피비린내 났을 그 당시를 생각해보면 가슴이 아려진다. "역사란 아와 비아의 투쟁이 시간부터 발전하여 공간까지 확장하는 인간의 심적 상태의 기록이다."라는 단재 신채호 선생의 글이 떠올려진다. 길은 시간에 의해 조성된 인위적인 공간이자, 자체로 역사다. 길에는 수많은 역사의 이야기가 숨어 있다. 길은 사람들의 이해관계에 따라 특정 공간을 찾으면서 길은 만들어졌고, 시간을 두고 넓어졌다 좁아지기도 하고, 생성했다

대공산성 등산로 입구

가 소멸하기도 한다. 한때 전쟁의 화를 피하기 위해, 혹은 전쟁을 위해 활용되던 이 길이 등산객에 의해 등산로가 되고, 다시 MTB 라이더의 사랑받는 싱글 트레일이 됐다.

산성에서 내려오는 길 군데군데에는 우물이 있다. 더 내려가면 조망이 멋진 전망대가 있다. 흘러 내려가는 첩첩의 산맥으로 시선을 따라가면 동해바다가 보인다.

래칫

래칫(ratchet)은 톱니의 역회전을 방지하기 위해 한쪽 방향으로만 돌아가게끔 만든 톱니바퀴의 일종.

산에서 자전거를 타게 되는 데에는 다양한 이유가 있다. 눈앞으로 흐르는 풍경, 시원한 바람, 바퀴가 노면에 닿을 때 나는 래칫 소리, 바퀴에 낙엽 부딪치는 소리, 전망 좋은 곳에서 휴식하면서 조망하는 풍경….

전망대 아래부턴 수백 개의 돌계단이 있다. 108계단이라고 한다. 그런데 실제 타보면 108계단이 넘을 것 같다. 나는 계단도 어느 정도 탈 정도로 기술이 있다고 생각했

대공산성

는데, 무정차로 108계단을 타고 내려온 적이 단 한 번도 없었다. 실력이 안 되는데 무리했다간 자전거 취미를 접어야 하니 안전이 우선이다. 누구는 산악자전거, 특히 싱글이 위험하다고 말한다. 하지만 사실 위험한 건 임도 혹은 자전거 길이다. 거기선 속도를 내기 때문이다. 싱글 내리막에선 대개 안장을 낮춰 타다 보니 설사 자전거가 쓰러질 상황에 처했다 하더라도 두 발로 땅을 닿을 수 있어 안전한 편이다.

계단을 지나면 다시 아름답고도 긴 오솔길이 이어진다. 가다가 몇 군데 갈림길이 있지만 무조건 왼쪽 길로 내려가면 된다. 내리막길이 끝날 즈음 소나무 숲 사이로 짧은 오르막이 있다. 그 오르막을 오르면 술잔바위다. 바위에 구멍이 몇 개 뚫려 있는데, 그 모양이 술잔처럼 우묵하게 생겼다고 해서 붙여진 이름이다. 애주가들은 이곳에 앉으면 술잔을 기울이며 폼을 잡아본다. 앞에 펼쳐진 백두대간 주능선을 바라보며 호기가 넘쳐난다. 늦가을 라이딩은 해가 짧아서 마음의 여유가 없다. 그래선지 다운 힐에서 속도를 자꾸 내게 된다.

오직 내리막뿐인 길, 장장 5킬로미터를 타고 내려왔다. 길이 아무리 길어도 목적지에 다다르면 늘 아쉬운 법, 그래도 이보다 더 멋진 싱글 코스, 있으면 나와 보라고 해봐!

강릉군 왕릉까지 임도 다운 힐

싱글이 끝나는 지점에 임도가 연결돼 있다. 직진하면 강릉김씨 시조의 묘인 강릉군 왕릉이나 사천 쪽으로 내려가게 되고, 오른쪽 임도로 가면 보현사가 나온다. 후자의 길은 바우길 3구간으로 일명 '어명을 받은 소나무길'이다. 2007년 광화문을 복원할 때 이곳 금강소나무를 재목으로 사용했다고 하는데, 벌목에 앞서 역사상 처음으로 나무가 교지를 받았고, 산림청장과 문화재청장이 위령제를 지낸 뒤 벌목 작업을 시작했다고 한다. '어명을 받은 소나무길'은 그런 연유로 지어진 이름이다.

그 방향으로 가면 세상에서 가장 아름다운 싱글길이 있다. 대공산성 싱글의 아쉬움을 달래기에 그만인 정말 아름다운 길이다. 그러나 거길 가기 위해선 약간 지루함이 있는 임도 오르막이 있는데, 자칫 거기서 체력이 방전될 수 있다. 그래서 오늘도 자전거는 명주군왕릉 방향을 향한다.

'다시 싱거운 임도를 타야 하다니.' 하고 실망할 것 같지만. 명주군 왕릉 방향의 바우길도 실망을 주지 않는다. 임도는 거리가 4킬로미터 남짓 하지만 쭉쭉 뻗어 올라간 금강소나무 군락의 자태에 매료되는 기쁨을 준다.

강릉군 왕릉에서 잠시 휴식으로 원기를 회복했다. 강릉까지 가는 길은 전반적으로 내리막이라서 어떤 구간에선 페달을 한 번도 밟지 않아도 몇 킬로미터를 갈 수 있다.

들녘을 지나는 강릉 가는 지름길로 30여 분을 달리면 강릉 터미널이다. 스마트폰

앱의 gpx 파일 데이터에는 〈도상거리 35.53km, 오름 2,134m, 내림 2,940m〉라고 써 있다. 오르막은 짧고, 내리막은 긴 '선자령– 대공산성' 코스, 대한민국에서 단연 가장 멋진 싱글 코스다.

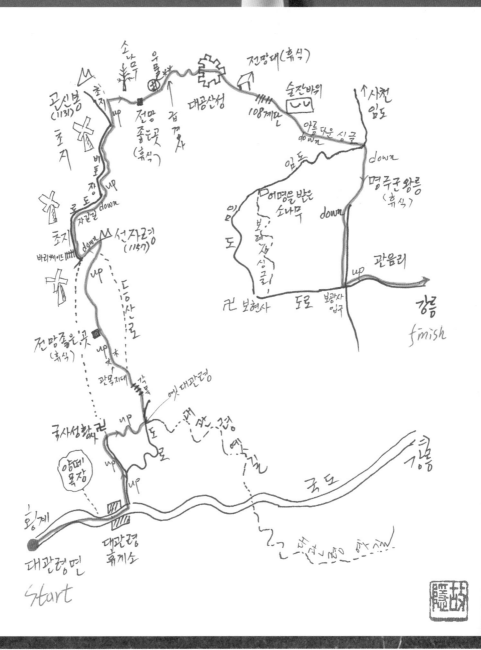

* **대관령 – 선자령 – 대공산성** (단위 km)

횡계 – 5.5 – 대관령휴게소 – 6 – 선자령 – 3.5 – 등산로 입구 – 5 – 임도 – 4 – 명주군 왕릉 – 3 – 보광사 입구 – 9 – 강릉고속버스 터미널

여주 여강길

독서는 책을 읽으면서 하는 여행, 여행은 길 위에서의 독서

여강길은 여주를 지나는 남한강의 양안을 따라 한 바퀴 도는 둘레길로 여주시에서 만들었다. 여강은 여주를 지나는 남한강의 옛 이름이다. 예전엔 그곳에 라이딩을 하려면 주로 시외버스를 이용했지만 지금은 새로 개통된 경강선을 이용할 수 있어 편리하다.

나는 몇 년간 자전거 여행의 코스를 짜면서 나름대로 터득한 묘수가 있다.

'스트롱 스타트, 해피엔딩(strong start, happy ending)'

바로 이것이 최상의 원칙이다. 출발지에선 강한 흡인력 있는 무엇이 있어야 하고,

종착지에선 행복감을 느끼게 할 만한 어떤 무엇이 있어야 한다는 점이다. 자전거 여행에선 하루 50킬로미터 이상을 달리게 되는데, 그 여정이 모두 꽃길일 순 없다. 지루한 구간이 없을 순 없지만, 출발 지점과 종료 지점이 중요하다는 뜻이다. 특히 종료 지점에서 아름다운 풍경이나 명소 등 특징이 있으면 좋다. 이번 코스도 얼추 이런 조건에 부합할 것이다.

영월루, 과연 스트롱 스타트!

여주 시내에서 여주대교 방향 남한강 건너기 직전에 영월루라는 아름다운 누각이 있다. 이 코스의 사실상 출발지인 영월루는 '스트롱 스타트(strong start)'에 딱 부합할 만한 공간이다. 영월루에서 바라보는 남한강 풍경이 무척 아름답기 때문이다. 영월루 아래에서 짧은 오솔길을 따라 남한강으로 내려가면 '마암(馬岩)'이라는 글자가 새겨진 바위가 있다. 말 모양을 닮은 바위라는 뜻인데, 무엇이 말의 형상을 닮았다는 것인지 가까이에선 아무리 봐도 알 수 없다. 문헌에 보니 이곳 물가에 황마(黃馬)와 여마(驪馬), 즉 누런 말과 검은 말이 나왔다고 한다.

요즘은 인터넷 발달로 학식이 부족하더라도 인터넷 포탈에 들어가서 검색만 하면 뭐든 다 알 수 있다. 그러나 머릿속에 축적된 지식의 깊이는 사람마다 천차만별하다. 많이 궁리하는 사람일수록, 그리고 두루두루 많이 다닐수록 지식은 깊어진다. 여행은 궁금증을 낳기 때문이다.

그러고 보면 옛 어른들은 견문을 아주 중시했고, 그런 뜻에서 여행은 그 자체가 공부다. 여행과 독서는 불가분의 관계다. 독서는 책을 읽으면서 하는 여행이고, 여행은

영월루 아래 여강으로 내려가는 오솔길

마암

길 위에서 읽는 독서라고 하지 않던가. 자전거 여행에선 길 위에서 얻게 되는 소소한 인문학 정보들이 많다. 게다가 안장 위에서의 사색은 자전거 여행자에게서만 얻게 되는 뜻하지 않은 즐거움이다. 도보 여행에 비해 하루 단위의 이동 거리가 상대적으로 긴 자전거 여행이 훨씬 매력적이라는 게 나의 지론이다.

옛 나루터 강변에는 고목만 서 있고

이어지는 코스는 남한강 자전거 길을 따라가는 길이다. 강둑길이 거의 끝나는 강천보 이후부턴 도로를 따라 달리다가 여강길 안내판을 따라 마을 안으로 진입하게 된다. 길을 따라 들어가니 멋진 남한강 풍경이 훤하게 펼쳐져 있다. 강변에는 고목이 몇 그루 서 있다. 고목은 주변 풍경과 어울려 한 폭의 그림과 같다. 이곳이 부라우 나루터다.

남한강에는 예전에 나루터가 유난히 많았다. 예전에 강 건너 강천 주민들이 여주장을 이용하기 위해 이 나루를 이용했고, 가끔 소금배가 정박했다고 한다. 나루는 떨어진 강마을을 이어주는 소통의 공간이었다. 그러나 1974년 팔당댐 건설로 물길이 막히자 나루도 서서히 기능을 상실했다. 여강의 마지막 나루였던 이포나루가 1991년경 이포대교 개통으로 사라지면서 여강의 나루터는 이제 전설이 되었다.

강나루가 사라진 지 어언 30년, 거대한 고목만이 이곳이 한때 번창하던 나루가 있었음을 증언할 뿐이다. 2년 전 늦가을 홀로 라이딩하면서 느꼈던 가을 풍경의 감동을 나는 잊지 못한다. 융단처럼 깔린 노란 은행나무 잎, 소슬한 강바람의 기억 때문이다.

여강길은 경치로 치면 가을이 제격이지만, 사계절 저마다 특색이 있는 것 같다. 뭇

부라우 나루터

우만리 나루터

나뭇가지 사이로 돋아난 푸른 잎과 봄빛을 머금은 남한강의 풍경은 여행자의 눈을 압도하고도 남는다. 풍경을 카메라에 담고 인증 샷을 찍느라 모두 자리를 뜰 기색이 없다. 아직은 여강길의 시작에 불과한데….

부라우 나루터에서 다음 나루터까지 구간은 도로를 따라 가도 되지만, 남한강변 숲 속 오솔길이 더 좋다. 그 오솔길을 따라 쭉 가면 우만리 나루터가 나온다. 안내판이 있어 길을 찾는데 어려움은 없지만 길은 흔적이 없는 곳도 많다. 오르락내리락하는 길을 500여 미터 달렸을까? 남한강 바로 옆으로 너댓 마지기 남짓한 계단식 논이 나왔다. 논둑을 지나 통나무 다리를 건너 산으로 올라갔다. 이곳 일대의 산은 해발 100미터도 안 된다. 그런 만큼 오르막에 대한 부담은 별로 갖지 않아도 된다. 내리막길 또한 완만해서 초보자도 탈 수 있다.

작은 산 하나를 넘으니 늪지대가 나왔다. 답사객의 편의를 고려해 돌다리도 놓여 있다. 풍경 하나가 지나면 또 다른 낯선 풍경이 라이더를 맞이한다. 호수처럼 잔잔한 남한강은 빛에 반사돼 아름답다. 강가엔 키 큰 미루나무 우듬지가 하늘 높이 치솟아 있다. 멀리 영동고속도로 남한강교가 보인다. 교량 바로 옆엔 몇 아름드리 느티나무 한 그루가 시선을 끈다. 그 크기를 가늠해보고자 양 팔을 벌려 서로 손을 맞잡아봤다. 5명으로도 나무를 안을 수 없다. 나무의 나이는 300살이라고 한다. 이 나무 곁에 우만리 나루가 있었다고 한다. 이 나무는 숱한 나그네를 맞이했을 것이다. 인근에 있는 명성황후의 친정 여흥 민씨들이 세도를 부릴 때도 이 나무는 무성했을 것이다.

해돋이 산길을 내려오면 강천리 마을

영동고속도로 하부 계단을 통과하고, 산길을 올라가던 중 전원주택 건설 현장이 길을 막고 있다. 공사로 인해 여강길은 어디로 이어지는지 알 수 없다. 예전에는 공사장 위로 난 산길을 따라 2~3킬로미터 가면 흔암리 나루터가 나왔다.

흔암리 나루 역시 1970년대 초에 폐지됐다. 지금은 오가는 사람이 별로 없어 한가한

마을이지만 한때 이곳은 영남과 서울을 잇는 길목이었다고 한다. 이어지는 길은 옛날 과거시험 보러가는 선비들이 넘나들었다는 '아홉사리 과거길'이다. 이 길은 충청도나 경상도 선비들이 과거를 보러갈 때 이용했다고 한다. 길은 아홉 구비를 돌아야 할 정도로 험하다고 해서 붙여진 이름 같은데, 지금은 길이 넓고 평탄할 뿐이다. 조금 더 지나자 옛 모습을 간직한 오솔길이 나왔다. 남한강변 산자락을 이은 길은 그다지 험하지 않아 발을 땅에 자주 딛지 않고도 오랫동안 자전거를 탈 수 있다. 아홉사리 과거길에서 내려와 도리마을에 이르면 이어지는 곳은 삼합리이다.

그러나 이번에는 뜻하지 않게 여강의 오솔길 대신 점동읍내를 지나 삼합리까지 도로를 따라 달렸다. 삼합리는 경기도, 충청북도, 강원도의 3개도가 나눠지는 곳이자 남한강, 섬강, 청미천 등 3강이 합수하는 곳이다.

삼합리 고개를 넘으면 충청북도. 이내 남한강대교가 나오고, 건너면 강원도 부론이다. 당일치기 여행에 3개의 도를 넘나드는 빡센 코스!

부론 주변에는 폐사지가 많다. 법천사지, 거돈사지, 청룡사지가 그것이다. 이들 폐사지를 잇는 둘레길도 있다. 부론에서 가장 가까운 법천사지를 찾았다. 안타깝게도 발굴 작업 때문에 출입통제를 해놓았다. 법천사는 신라 때 창건된 절이다. 고려 중기 불교가 법상종과 화엄종 양대 계파로 나뉘어 있던 때 법천사는 법상종의 거점 사찰이었다고 한다.

남한강 폐사지 문화유산 답사는 숙제로 남기고 섬강을 향해 질주했다. 고려 때부터 왕실의 세곡창으로 쓰였던 흥원창이었던 터를 지나 섬강교를 건너고, 오르막길을 조금 달려 왼쪽으로 닷둔리 마을 이정표를 따라 오르막길을 올랐다. 길가에 '배산임수의 최고명당'이라는 현수막이 붙어 있다. 전원주택지 분양 광고다.

닷둔리는 아주 작은 마을이다. 둔은 산기슭 아래 조금 평평한 곳을 뜻하는 말이라고 하는데, 논밭뙈기가 얼마 안 되어 궁속했을 이곳이 지금 개발 바람이 불고 있다. 한적한 길을 따라 강변으로 꺾어 들어가니 '해돋이 길'이 나온다. 강물은 오후 햇살에 반사돼 아름답다. 초입에 잠시 자전거를 끌고 들고 하니 이제 비단길이다. '해돋이 길'은 1킬로미터 남짓한 거리인데도 훨씬 먼 거리같이 느껴진다. 남한강 풍경에 넋을 잃은 때문일까? 그럴 수 있겠다는 생각이 들었다. 왜냐하면 사람은 반응에 민감할수록 시간이 더디게 가는 것처럼 느껴지기 때문이다. 일상이 똑같이 반복되는 어른들의 느린 시계추와 달리 매사 경이로움 가득한 아이들에게 시간은 더디게 간다. 시시각각 다양한 모습으로 바뀌는 여강길 풍경으로 시각은 민감하게 반응하고, 그래서 시간은 길게 느껴지는 것 같다. 해돋이 산길 1킬로미터에서 느꼈던 느림보 시간이 그 증거다.

해돋이 산길을 내려오면 강천리 마을이다. 4대강 사업으로 깔끔하게 정비된 강천섬을 지나고 자전거는 강천보 위로 달린다. 곧바로 신륵사까지 라이딩을 하자고 했다간 원성이 자자할 것 같은 느낌이다. 이미 우리는 너무나 멋진 풍경을 보았던 까닭이다. 흔히 하는 말로 "오늘 방송 분량은 다 채워졌지요?" 이렇게 물어온다면 "예, 충분히 탔지요." 이렇게 답할 것이다.

덕분에 오늘은 해가 넉넉한 시간에 모든 라이딩을 마칠 수 있을 거 같다. 좀 더 지체해서 여강에 반사되는 노을빛을 보며 강천보를 건널 수 있다면 더 좋겠지, 이어 신륵

사 앞 황포돛배를 볼 수 있다면 더 좋겠지…. 아쉬움 없는 여행이 어디 있겠는가.

여름날의 호숫가, 가을의 공원, 그 벤치 위엔 나뭇잎이 떨어지고…. 콧노래를 부르며 여주역을 향해 간다. 여주역에 도착하니 오후 6시다. 이번 가을, 부라우 나루터에 은행잎이 떨어져 있을 때엔 오늘 함께 하지 못한 벗들과도 대동하여 여강길 만추의 서정을 느끼는 자전거 여행을 또 하고 싶다.

신록사 앞 남한강(여강)

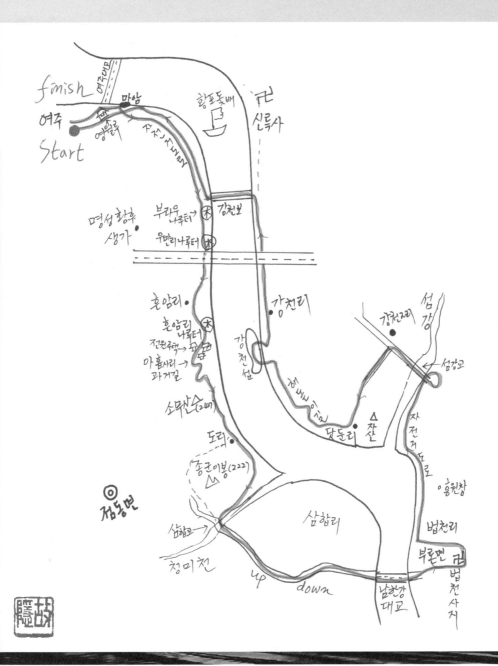

* **여주여강길** (단위 km)

여주역 – 2.5 – 영월루 – 5.5 – 부라우 나루터 – 2 – 우만리 나루터 – 2.7 – 흠암리 나루터 – 4 – 도리 – 4 – 삼합교 – 5 – 부론 – 9 – 닷둔리 – 11 – 강천보 – 7 – 여주역

영주 · 예천 내성천

그리움에 가슴앓이가 생기거든 금모래 빛 반짝이는 강변으로 가자

서울에선 밤새도록 비가 내렸는데 이곳 영주에 도착하니 뭉게구름 둥실한 하늘이 나그네를 반긴다. 이번 라이딩은 내성천을 따라 내려가는 물길 여행이다.

내성천은 봉화 선달산에서 발원해서 예천 삼강주막에서 낙동강과 합류한다. 이번 여행에선 영주시내에서 출발해 무섬마을과 회룡포 등 명소를 따라 내성천의 이름이 다하는 곳까지가 달리게 된다.

영주에서 천변으로 이어진 자전거 길을 따라 약 10킬로미터를 달리면 무섬마을 입구에 도착한다. 무섬은 행정상으로 영주시 문수면 수도리다.

무섬마을 앞 내성천

이 마을은 1666년 반남박씨 입향조인 박수 선생이 강을 건너와서 개척했다. 그 뒤 그의 증손서(증손녀의 사위)인 성선김씨 김대(金臺 1732~1809)가 처가 마을인 이곳에 들어와 살면서 무섬마을은 지금까지 300년 동안 반남 박씨, 성선 김씨 두 가문의 공동 터전이 되었다. 마을에는 입향조 박수 선생이 지은 만죽재 고택과 해우당, 오헌 고택 등 9채가 문화재로 지정돼 있다.

무섬마을은 내성천이 마을을 태극 모양으로 한 바퀴 휘감아 돌고 있어서 마을이 마치 물위에 떠 있는 섬과 같다. 전답이 대부분 내성천 건너에 있는 무섬마을에선 농사를 짓거나 장에 가거나 학교를 가기 위해선 내성천 위로 놓인 외나무다리를 건너야 했다. 옛날엔 외나무다리가 3개가 있었지만 콘크리트 교량이 놓이면서 모두 사라졌다가 1992년에 지금의 외나무다리가 복원됐다. 무섬마을이 유명세를 타게 된 건 그 이후부터다.

요즘 무섬마을엔 이 외나무다리를 걸어보려는 관광객들로 붐빈다. 나도 관광객들

무섬마을 외나무다리

비껴다리

틈바구니에 줄을 서서 외
다리 위로 자전거를 올렸
다. 다리 아래로 강물이
영롱한 물결을 일으키며
흐른다. 자전거를 들고서
한 걸음 한 걸음 내딛는
게 쉬운 일이 아니다. '되돌아오는 사람과 마주치기도 하면?' 그러나 걱정할 필요 없
다. 마주 오는 사람과 서로 비켜갈 수 있게끔 외나무다리 옆에 별도 '비껴다리'가 있어
서 큰 어려움 없이 건널 수 있다.

외나무다리를 건너 나무 그늘에 앉아 강 건너 S자로 휘어진 외다리 너머로 나지막
이 앉은 마을 풍경을 한 번 더 감상한다. 이제 잠시 동안 내성천을 보지 못한다. 물길
을 따라가는 여정이지만, 길은 내성천 물길을 따라 때로 이탈했다가 다시 돌아오기를
반복한다.

그늘에서 일어나 오르막길을 조금 더 오르면 도로와 만나게 된다. 여기서 200여 미터 가다가 삼거리에서 좌회전해 계속 달리다 보면 다시 내성천을 만나게 된다.

내성천 물길 여행은 강을 따라가는 길이니 만큼 길 찾기는 어렵지 않다. 도로를 따라 가다가 길림길이 나오면 일단 강 쪽으로 가면 된다. 힘에 부칠 때쯤, 바위 위로 내성천을 굽어볼 수 있는 위치에 정자가 있다. 무고대(舞鼓臺)라는 이름의 정자인데, 그다지 오래된 건물 같아 보이지는 않는다. 정자에 올라 땀을 훔치니 모든 게 평화롭고 행복해진다. 시간 여유가 있다면 낮잠 한숨 길게 자도 좋을 곳이다.

다시 달리자 중앙고속도로 교량이 보인다. 그것과 나란히 놓인 교량(오신교)을 건너면 이제는 내성천 남쪽 둑 위로 난 자전거 길을 타게 된다. 자전거 길은 3킬로미터 정도로 짧다. 그 이후부터는 좁은 흙길이다. 승차감으로 치면 포장된 자전거 길이 좋겠지만, 나는 이런 흙길이 더 좋다. MTB 자전거는 오프로드에 적합하도록 설계돼 있어 매끈한 포장도로는 영 재미가 없다. 먼지가 풀풀 나더라도 덜컹대는 자갈길, 돌길이 좋다.

내성천이 한 눈에 내려다 뵈는 곳, 도정서원

미호교에 이르러 덜컹이는 비포장길이 끝나고 다시 도로 위를 타게 된다. 한맥 CC 골프장 옆을 지나자 모처럼 오르막이다. 오르막 다 올라갈 때쯤 오른쪽 내성천 방향에 길이 있다. 뭘까? 길을 따라 조금 더 들어가니 기와집 몇 채가 있다. 모래 강이 내려다 보이는 전망 좋은 곳에 들어선 서원이다.

이곳은 임진왜란 때 좌의정을 지낸 약포 정탁(1526-1605, 본관 청주정씨)을 배향하는

도정서원

선몽대

도정서원이다. 약포 정탁은 선조에 의해 사형에 처할 뻔했던 이순신 장군을 구한 분으로도 유명하다.

도정서원은 최근 예천군으로부터 숙박체험 전통건물로 지정을 받았다고 한다. 여기선 음식까지는 제공하지 않아서 숙박을 하려면 음식을 직접 해먹어야 하는데, 여건이 된다면 하루이틀 머물면서 낮에는 내성천 모래 강을 벗하며 오수에 취하고, 밤에는 모래 위로 반사해 돌아오는 달빛과 벗하면 좋을 것이다.

도정서원에서 호명면 소재지로 가는 강변길은 아스팔트 위로 뿜어 나오는 열기로 몸이 뜨거워 고역이다. 가로수가 있는 차도는 그나마 그늘이 있어 좋지만, 고평교 건너서 이어지는 뚝방 길과 형호교를 건너 호명면 소재지까지 이어지는 구간은 뜨거운 뙤약볕 길이다.

신선이 하늘에서 내려오는 꿈의 정자 선몽대

호명면 소재지 근처에서 간단히 점심을 하고 다시 내성천을 따라 갔다. 백송리 마을 입구에서 좁다란 은행나무 가로수 길을 따라 약 1킬로미터를 내려가니 아름드리 솔숲이 눈길을 끈다. 솔숲을 따라 조금 더 들어가면 내성천 옆 언덕에 멋진 건물이 있다.

퇴계 이황의 종손인 우암 이열도(1538-1591)가 1563년에 지은 선몽대다. 이 건물은 신선이 하늘에서 내려오는 꿈을 꾸고 난 후에 지었다고 해서 이름도 '신선 선', '꿈 몽' 자의 선몽대(仙夢臺)다. 선몽대는 암반을 주춧돌 삼아 그 위로 기둥을 세웠는데 공간선택이 탁월하다.

선몽대를 둘러보고 나오며 잠시 그늘에 앉았다. 유서 깊은 쉼터의 역사를 자랑하듯 오래된 소나무가 하늘로 우람하게 자태를 뽐낸다. 멋진 공간을 찾아내서 집을 짓고, 아름다운 조경으로 풍경을 완성한 선대들의 안목이 존경스럽다.

회룡포의 뿅뿅다리

선몽대에서 충분한 휴식을 취한 덕분인지 자전거는 이제 날아가는 느낌이다. 원곡리를 지나 경진교를 건넜다. 다리를 건너 곧바른 강변길을 달렸다. 6~7킬로미터를 달렸을까, 권태감이 온다. 마침 그늘이 있어 자전거를 세우고 헬멧을 벗어던지고서 큰대자로 누웠다. 온몸에서 땀이 쏟아진다. 단체여행객을 태운 관광버스 몇 대가 지나간다. 아마도 회룡포에 갔다 온 것 같다. 아, 자유! 시간에 구애받지 않는 홀로 여행은 이래서 좋다.

회룡포 제1 뿅뿅다리

야트막한 언덕을 넘자 내성천이 보인다. 강변에선 깔깔대는 아이들 소리가 들린다. 이곳이 회룡포다. 회룡포 마을은 사실 이번이 처음이다. 〈1박 2일〉 방송 등 여러 매체에 수없이 알려졌는데, 이제야 오게 됐다. 마을 안 돌담길이 인상적인 이곳은 전형적인 농촌마을이지만 민박, 카페 등이 있는 유원지로 변모했다. 회룡포가 유명해진 건 내성천에 놓인 일명 '뿅뿅다리' 덕분이다. 나무로 만들어진 무섬마을의 외나무다리와 달리 이곳의 다리는 구멍이 뚫려진 공사장의 철판을 이어서 길게 이어 만든 것이 특징이다.

뽕뽕다리 이름의 유래는 흥미롭다. 철판이 강물에 잠길락 말락 할 정도일 때 그 다리 위로 걷게 되면 철판이 체중에 눌리면서 물이 철판 구멍 속으로 솟아오르며 풍풍 소리가 난다고 해서 붙여진 이름이다. 최초 이름은 소리 나는 대로 그냥 '풍풍다리'였다고 한다. 그런데 언제부턴가 언론에서 '뽕뽕다리'라고 말하는 바람에 이름이 지금처럼 뽕뽕다리로 불리게 됐다고 한다. 이래서 언론의 힘은 언제 어디서나 여전히 세다. 현재 회룡포에는 뽕뽕다리가 두 개 있다. 마을 북쪽에 제1 뽕뽕다리, 서쪽에 제2 뽕뽕다리가 있다. 후자는 전자에 비해 길이가 조금 짧다. 나는 다음 목적지인 삼강마을로 가기 위해 제2 뽕뽕다리를 건넜다. 맑은 모래 흐르는 강변엔 어린아이들과 함께 휴가 나온 가족이 있다. 행복해 보인다. 나는 홀로 자전거를 끌며 산으로 올라갔다.

어느덧 땅거미가 강 전체를 덮고 있다. 고개에 오르면 회룡포 전경이 보일 줄 알았는데, 숲에 가린 탓인지 보이지 않는다. 고개 넘어 내려가니 길은 풀도 있고 그다지 편하지는 않다. 다 내려와선 강 위로 아름다운 다리가 있다. 낙동강 위에 놓인 비룡교라는 인도교다. 다리를 건너면 삼강주막 마을이 멀지 않다. 내성천은 문경 주흘산에서 발원한 금천과 만난 뒤 바로 낙동강과 합류하며 삼강마을에 오면 이름이 소멸된 상태이다.

삼강주막은 낙동강 700리의 마지막 남은 주막이었다. 오래된 회화나무 아래 자그마한 초가집 한 채, 내 기억에 남은 삼강주막의 풍경은 이랬다. 그런데, 삼강주막 주변은 온통 관광지로 변모돼 있다. 사람들이 모이니 그럴 수 있겠다. 삼강문화단지를 지나 낙동강변으로 달리자 거대한 고목 두 그루 옆에 새로 복원한 삼강주막이 있다. 주막 주위로 싸리나무 울타리가 쳐져 있다. 흑백 사진에서 보던 고졸한 느낌의 삼강주막은 아니지만 그런대로 옛 풍경이 남아 있다.

낙동강의 마지막 주막이었던 삼강주막

　삼강주막 맞은편 쉼터에 앉아 오늘의 짧은 여정을 되돌아보았다. 풍경은 시대에 따라 바뀌기 마련이지만 그래도 우리들 심성엔 내성천의 금모래 빛, 그 순수의 기억만큼은 변하지 않을 것이다. 그리움에 가슴앓이가 생기면 다시 가보고 싶은 금모래 빛 내성천의 강변 여행, 변치 않고, 늘 내 곁에 머물러 있기를 바라는 건 지나친 욕심일까?

삼강주막의 부엌

삼강주막 앞 낙동강

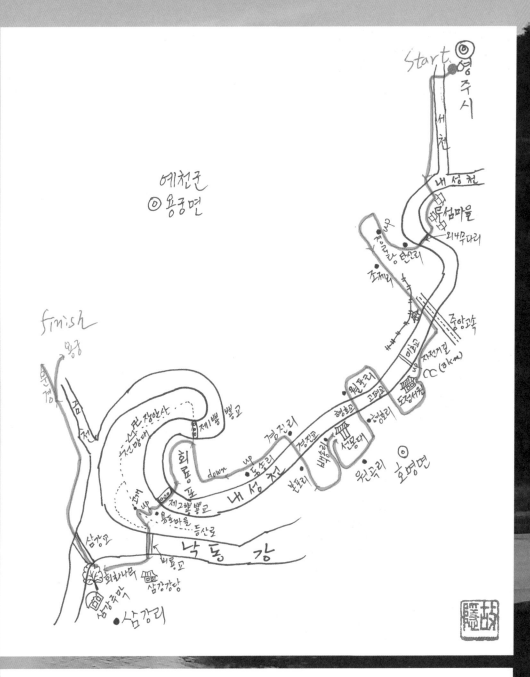

* **내성천, 무섬마을에서 삼강주막** (단위 km)

영주시 – 16 – 무섬 마을(수도리) – 11 – 도정서원 – 9 – 호명면 소재지 – 3 – 선몽대 – 16 – 회룡포(제
2뽕뽕다리) – 4 – 삼강주막 – 7 – 용궁면

울진 십이령

보부상 오가던 산중 열두 고개를 넘어 죽변 바다로

울진!

교통 거리로 따지면 이보다 더한 오지는 없다. 예로부터 오지라고 하면 강원도 산골을 지칭하곤 했지만, 요새는 소위 BYC, 즉 봉화, 영양, 청송 세 군데를 대표적인 오지로 꼽는다. 사실 BYC에 버금가는 오지가 울진이다.

온 산천에 단풍이 들던 때 울진의 산길로 자전거 여행하는 기회를 얻었다. 아침 6시에 서울을 출발해 통고산 휴양림에 도착하니 정오가 다 됐다. 도착하자마자 부랴부랴 자전거를 조립해 소광리로 향했다.

금강소나무 군락지 사이로

이번 라이딩 여정은 통고산 휴양림에서 금강소나무 군락지로 유명한 소광리를 지나 동해 죽변을 넘는 길이다. 이곳의 금강소나무는 예나 지금이나 귀한 대접을 받는다. 소광리 길가엔 숙종 때 이곳 금강소나무의 벌목을 금지한다는 황장봉계표석(黃腸封界標石)이 남아 있다. 임금이나 세자 등 궁중의 장례식에 관곽으로 사용하게 될 황장목(금강소나무) 보호를 위해 국가가 봉산으로 지정했던 것.

황장봉계표석(黃腸封界標石)

몇 해 전 MBC 〈무릎팍도사〉에 출연한 유홍준 전 문화재청장 말이 생각난다. 숭례문 복원을 위해 마땅히 쓸 만한 국내산 재목을 구하는데 어찌나 힘이 들었던지 문화재청은 향후 왕궁 복원용 목재로 사용하기 위해서 앞으로 300년 동안 금강소나무를 벌채하지 못하도록 산림청과 MOU를 체결하겠다는 이야기다. 현실적이고도 절박한 심정의 표현이다.

소광1리로 향하는 첫번째 삼거리에서 좌회전하면 봉화군 반야마을로 이어지고, 우회전하면 금강소나무 군락지가 있는 곳이다. 길가에는 단풍이 한창 물들어 있다. 맑은 계곡을 따라 오르니 화전민촌이 나오고, 거기서 1킬로미터쯤 전진하니 더 이상 진입할 수 없다.

아뿔싸! 금강소나무 숲에는 예약이 필요하다는 사실을 몰랐던 것. 해설사 명찰을 단 관리자 한 분이 우리를 통제했다.

"십이령은 이리로 가는 게 아이고, 저 아래 화전민촌에서 좌회전 하이소."

우리는 금강 소나무보호림 통제소 앞에서 기념 촬영한 것으로 만족해야 했다. 이번 여행의 목적지가 십이령인 만큼 그다지 실망할 필요는 없다. 금강소나무 숲 관람은 다음 기회로 미루기로 하고 십이령 고개를 오른다. 우리가 넘는 이 임도는 실제 십이령 오솔길을 약간 비켜나 있다.

그 옛날 보부상들이 넘나들던 열두 고개

십이령은 옛날 영남 북부지방 보부상들이 넘나들던 길이다. 십이령은 울진에서 봉화 사이를 잇는 12고개 전체의 총칭이다. 십이령은 울진 흥보장 혹은 죽변 장에서 시작한다.

쇠치재 – 바릿재 – 샛재 – 너삼밭재 – 저진터재 – 한나무재(작은넓재) – 넓재(큰넓재) – 꼬치비재 – 곧은재 – 막고개재 – 살피재 – 모래재

그리고 이 열두 개 고개를 넘어 봉화 춘양 장에 이른다. 걸어서 꼬박 3일이 걸리는 먼 거리다.

발현동으로 가는 고갯길

5만분의 1 지도에도 십이령 열두 고개의 이름이 깨알 같은 글씨로 적혀 있다. 열두 고개는 울진 죽변에서 봉화 춘양까지 지도상으로 거의 일직선상에 있다. 높은 산등성이나 험한 계곡을 피하기 위해 에둘러 길을 낼 법도 하건만 십이령 옛길은 직선인 것이다. 그 이유는 시간 때문일 것이다. 산이 높다고 둘러 편하게 가기보다는 힘들더라도 곧바로 산을 넘는 게 시간이 절약되기 때문이다. 상인들에게는 장이 서기 전에 조금이라도 빨리 도착해 물건 하나라도 더 빨리 팔고 떠나는 것이 상책이기 때문이다.

소광리는 열두 고개 중 다섯 개를 품고 있다. 소광리에서 첫 고개를 넘는다. 무거운 자전거로 느리게 페달을 밟으며 호흡 조절을 하니 어느새 고개에 도달했다. 이곳은 샛재 바로 옆이다. 십이령 첫 고개를 너무 쉽게 넘어가니 싱겁다. 이제 우리를 기다리는 것은 다운 힐뿐. 해발 0을 향해 내리막만 있을 것이다. 물론 희망사항이다.

샛재 안내판을 지나고, 찬물내기를 지나서 쭉 이어지는 내리막을 달리니 옆으로 오솔길이 보인다. 십이령 옛길이다.

샛재 고개를 넘어 한 시간 여, 내리막으로만 내달리다가 성황당이 있는 고개로 오른다. 해를 등진 채 진행하니 전진하는 방향의 길에 자전거 탄 나의 그림자가 길게 드리워진다. 보부상들이 걷던 길에 자전거 바퀴 자국이 오버랩된다. 그때 가을볕도 이렇게 따사로웠겠지. 그들도 우리처럼 무리 지어 산길을 넘어갔으리라. 예전엔 산적이 두려웠겠지만, 요즘은 멧돼지가 두렵다. 깊은 산중에선 홀로 라이딩을 꺼리는 이유도 이 때문이다.

그래도 혼자 자전거 여행을 해보고 싶다. 이런 한적한 길에선 자전거를 타지 않고 내려서 핸들을 잡고 천천히 끌면서 명상의 세계에 빠져보는 것도 좋다.

"걷지 않으면서 떠오르는 생각은 믿지 말라."

니체의 말이다.

내리막길을 다 내려와서 도착한 두천 1리. 들도 제법 넓어졌다. 예전에 이곳은 주막과 마방으로 흥했다고 한다. 지금도 이곳에는 보부상의 흔적이 남아 있다. '울진내성행상불망비(蔚珍乃城行商不忘碑)'가 그것이다. 이것은 1890년(고종 27)에 세운 것으로 내성(봉화의 옛 지명) 출신 두 행상의 공덕을 기리기 위해 이 마을 사람들이 세운 기념비다.

두천리에는 주막과 마방이 있어 마을이 흥했다고 한다. 울진 장에서 소금과 해산물을 구매한 상인들이 십이령 큰 고개를 넘기 전에 여기서 묵어갔을 것이다. 봉화에서 곡식과 놋그릇 등을 지고 십이령을 넘어온 행상들 또한 이곳 두천리 객주집에서 여장을 풀고 하룻밤을 묵어갔으리라.

김주영 씨는 이 십이령과 '울진내성행상불망비'를 알고 나서야 『객주』 10권을 집필하게 되었다고 한다. 그는 택리지에서 보부상들이 울진 근방 염전에서 소금을 실어내는 경로로 쓰였던 십이령 고개의 존재를 알게 됐다고 한다. 집필을 위한 현지답사와 자료조사에 1년 반이 걸려 마침내 객주의 마지막 제10권이 마무리될 수 있었다고 한다. 1984년 객주 9권이 나온 이후 9년이 걸려 소설이 마무리될 수 있었던 것이다.

보부상 길에 서린 애환은 문화적 상상력의 원천이 되고 관광자원이 되고 있다. 울진군청도 십이령 복원과 더불어 십이령을 모티브로 해서 스토리텔링을 개발했다. 옛길도 어떻게 스토리텔링을 하느냐에 따라 훌륭한 문화적 자원이 된다.

금강소나무

해는 뉘엿뉘엿, 우리는 먼발치에서 불망비쪽을 바라보며 사진 촬영으로 만족해야만 했다. 다행이 여기서 죽변까지는 포장도로다. 고개를 2~3개 오르락내리락해야 하지만, 그다지 힘든 길은 아니다. 라이딩하는 동안 스쳐간 차량은 채 열대도 되지 않을 정도로 오늘따라 길은 한적하다.

십이령 여정의 에필로그, 죽변바다

추수가 끝난 들녘, 아직 나무에 달려있는 홍시. 안장에서 스치는 늦가을 풍경이 풍요롭다. 포장길이 지루해질 때면 논길을 달려보기도 했다. 그러나 여행의 종착지인 죽변 등대에 해떨어지기 전에 도착하려면 마냥 흥에 겨울 수만 없다. 흔들리는 자전거 안장에서 푸른 바다가 문득 한눈에 들어온다. 안장 위에 앉은 여행자의 시선이 흔들리는 만큼 뷰 파인더 시선도 흔들린다.

땀 흘린 끝에 도달한 바다. 감동은 두 배 이상이다. 비릿한 바다 내음이 오늘은 그저 좋기만 하다. 바다가 여행의 출발지라면 그 여행은 얼마나 심심할까. 우리가 만나게 된 이 바다는 방송 프로그램으로 치면 그 위치가 말미부분이다. 이제 감동의 여운을 위한 에필로그가 들어가야 할 때다. 오늘의 에필로그는 바로 죽변바다!

도착지 죽변에서 바다가 온통 줌 아웃되며 넓게 펼쳐진다. 오늘 여행의 종착지 죽변 등대에 도착했다.

죽변! 대나무 숲이 울창한 변경이라는 뜻인가. 죽변 등대로 오르는 오솔길 양 옆으론 온통 대나무 숲이다. 이곳 대나무는 키가 나지막한 산죽이다. 죽변 등대는 바다를 조망하는 높은 곳에 자리하고 있다. 이 등대 부근에는 sbs 드라마 세트장이 있다. 드

라마는 사라졌어도, 그 세트장이 멋진 자리에 남아 죽변의 풍경을 더 아름답게 연출하고 있다.

노을 지는 태백산맥을 등 뒤로하고 등대 언덕에서 일몰의 바다에 시선을 떼지 못한다. 어떤 여행이 이다지 정겨울 수 있을까. 구름 한 점 없는 가을밤이다.

숙박지 통고산 휴양림으로 돌아가는 길에 우리는 달리는 트럭에 앉아 차가워진 밤바다와 밤하늘과 별들을 보며 노래 부른다.

저 별은 나의 별, 저별은 너의 별. 별빛에 물들은 밤….

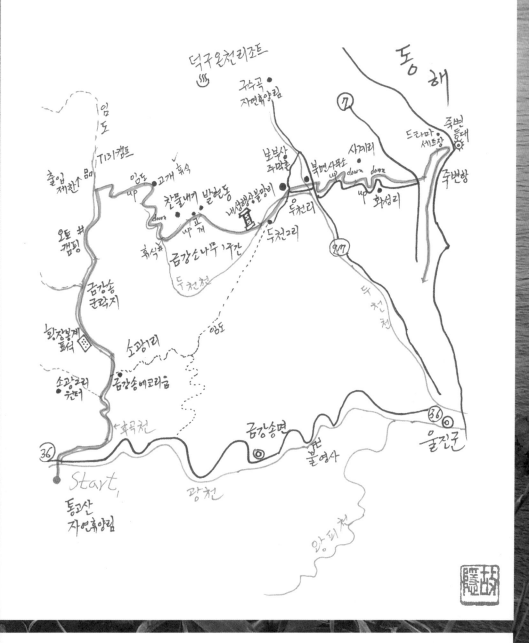

* 울진 십이령 (단위 km)

통고산휴양림 (36번국도) – 4 – 소광리 입구 – 5 – 삼거리 (우회전) – 7 – 오토캠핑장 (임도) – 12 – 두천 1 리 (내성행상불망비) – 북면사무소, 사계리, 화성리 – 13 – 죽변

남양주

조선시대의 역사가 흐르는 한강 W 자전거길

소화기

주말 서울의 한강 자전거 길에 자전거를 타러 나오면 과연 우리나라의 자전거 인구가 1,200만 명이라는 말이 실감난다. 자전거가 꼬리에 꼬리를 물고 달린다.

도로 혹은 강변을 따라 조성된 자전거 길은 대개 일직선에 가까운 길이다. 자전거 라이딩에 최적화된 포장도로다. 그러나 나 같은 산악자전거 마니아들에겐 자전거 길은 좀 심심하다. 길에는 자갈도 있고 나뭇잎도 깔려 있어야 바퀴 굴러가는 소리도 나고, 안장 위에서 느끼는 쾌감도 좋다.

이 때문에 나는 자전거 길을 따라 무조건 빨리 달리기보다는 그 길에서 옆으로 빠져나와 빙 둘러가기도 한다. 자전거 길이 일(一)자 형이라면 나는 S자 혹은 W자 형으로 길을 만들어가는 라이딩을 좋아한다. 소소한 마을과 골목길을 지나면서 느끼게 되는 숨결이 다른 때문일까, 거기에선 일반적인 자전거 길에서는 느낄 수 없었던 색다른 맛을 느낀다. 그 길에는 오랫동안 이어온 시간이 다양한 이야기를 숨기며 켜켜이 단층을 이룬다. 길 위에서 역사나 철학, 문학 등 인문학적 설명이 보태지면 라이딩의 흥미는 배가 된다.

광나루에서 양수리까지 이어지는 자전거 길에서 핸들을 조금 꺾으면 병자호란 척화파인 김상용, 김상헌 형제의 이야기가 전해지는 수석동 석실마을, 대동법의 시행을 건의했던 잠곡 김육 등 청풍 김씨의 묘지가 있는 평구 마을, 이어 예봉산 자락 길을 타고서 팔당을 지나 마재의 다산 정약용 유적지를 지나면서 앞선 시대를 살다간 선인들의 다양한 숨결을 느낄 수 있다.

김상용, 김상헌 형제의 충절을 기리는 석실서원의 흔적

광나루에서 한강 자전거 길을 따라 약 10킬로미터, 왕숙천 다리를 건너서 카페가 밀집해 있는 언덕을 넘어가면 수석동 마을이 나온다. 마을 앞에는 1982년 남양주시에서 보호수로 지정한 수령 210년의 느티나무가 있다. 나무 옆에는 쉼터도 잘 조성돼 있어 종종 쉬곤 한다.

한편 이곳 수석동에는 병자호란 당시 척화신이었던 김상헌과 그때 강화도에서 순절한 그의 형 김상용 형제의 충절을 기리던 석실서원 등 역사의 흔적이 있다. 지도에 보면 이곳 마을 지명이 석실로 나와 있어 근처 어딘가에 석실서원 흔적이 있을 것으로 짐작하고 마을 위로 올라가봤다. 자전거를 저단변속으로 가파른 마을 안길을 천천히 오르다가 가장 높은 곳에서 왼쪽 길로 다시 오르면 그 아래로 기와집 한 채가 보인다.

석실서원 옛터에서 본 수석동과 한강

석실서원지

이곳에 석실서원 관련 유적이 있지 않을까 미루어 짐작했다. 그러나 이곳은 문강공 조
말생 선생을 기리는 영모각과 그의 무덤만 있다.

김상헌은 병자호란 후 청나라 심양으로 5년간 볼모생활을 마치고 이곳 석실에서 8
년 간 여생을 보냈다고 한다. 그의 후손인 김수항, 김창집, 김창협 등도 정치적 격변
기마다 이곳으로 내려와 때론 은둔을 하고, 공부를 하며 지냈다고 한다. 이곳 석실은
휴식의 공간이자 강학과 수학의 공간이었다. 그러나 석실서원은 1868년 대원군의 서
원철폐령에 의해 훼철되었다. 대원군은 당시 안동김문의 세도정치 혁파를 위해 김좌
근을 영의정에서 쫓아내고 안동김문 60년 세도정치를 막 내리게 했다. 그로써 이곳은
안동김문의 흔적이 자취도 없이 사라진 것 같다.

내가 석실서원의 위치를 알게 된 건 불과 최근이다. 석실마을 앞을 흐르는 한강을
촬영하기 위해 조말생의 무덤에 올라가던 중 풀섶에 비석 하나가 눈에 띄어 가만히 봤
더니 석실서원지였다. 이곳에 서원이 있었다는 사실이 믿어지지 않을 정도로 서원 터
주변은 잡풀만 무성하다. 게다가 석실서원과 관련한 안내판 등 아무런 흔적조차 없
다.

서원이 있었던 터에서 한강을 내려다보며 겸재 정선의 진경산수도 '석실서원도'에
그려진 그림의 이미지와 오버랩시켜본다. 진경산수도에 그려진 석실서원뿐 아니라
주변 집들이 있던 자리에는 전원주택이나 카페, 음식점이 들어서 있어 세월의 무상함
을 느끼게 한다. 석실서원이 있던 근처에 고목 몇 그루가 남아 있어 역사를 증언하니
그나마 다행이다.

김상헌의 묘

김상용의 묘

안동김씨 묘역으로 옮겨진 석실서원의 비석

잠곡 김육 선생 묘지를 지나서 안동 김씨 묘역으로

수석리에서 팔당 방향 자전거길로 2킬로미터 정도 지나서 한강공원 삼패지구에서 자전거 길을 빠져나와 삼패2동 평구마을로 향한다. 평구마을에는 효종 때 대동법의 시행을 건의해 충청도와 전라도 지역에 이를 실시하게 한 잠곡 김육 선생의 묘지가 있다. 대동법이란 나라에 내던 특산물을 쌀로 통일하게 해서 백성들의 어려움을 덜게 하자는 제도이다.

잠곡 김육은 1613년 대북파가 영창대군을 살해한 계축옥사 이후 33세의 나이에 청평의 잠곡으로 물러나 낮에는 나무를 하고 밤에는 숯을 구워서 끼니를 해결할 정도로 궁핍했다고 한다. 도성에서 파루를 치면 동대문에 가장 먼저 들어섰다는 이가 바로 김육이었다는 일화는 유명하다.

2년여 은거생활을 끝내고 그는 홍문관 부수찬으로 복직되었고 이어 충청도 관찰사, 병조참판, 형조판서, 우의정, 영의정에 오르며 충청, 호서, 호남에 대동법 시행을 추진했다고 한다. 우의정에 오를 때까지 그는 집이 없을 정도였을 정도로 청렴한 관리였다고 한다. 임종의 순간에도 그는 대동법의 처리에 대해서 묻는 등 평생 대동법에 대한 집념을 놓지 않았다고 한다.

평구 마을 청풍김씨 유적지를 뒤로 하고 안동김씨의 또 다른 유적지로 향했다. 평구 마을 옆 야트막한 오르막을 올라가서 내리막길을 달리면 이내 덕소역이다. 여기서 2 킬로미터를 곧장 직진, 예봉중학교 입구에서 좌회전한 뒤 86번 도로로 진입하면 덕소 5리이다. 이곳도 마을 이름이 석실이다. 방금 지나왔던 수석동 석실에서 얼마 떨어지지 않은 거리에 또 석실이 있으니 어찌된 영문인가. 석실마을과 달리 이곳에는 그 가문의 흔적이 남아 있다.

이곳에 묻힌 안동 김씨는 소위 '장동 김씨'로 통하기도 하는데, 본래 안동에 살던 김번(1479–1544)이 벼슬을 시작한 뒤 인왕산 근처 장동에 세거하면서 '장동 김씨'라는 별칭으로 불렸다. 공식 명칭은 안동 김씨 서윤공파다. 풍수 전문가들은 김번 등 안동 김문이 묻혀 있는 이곳의 터가 조선 8대 명당 중 하나라고 한다. 이 가문에서 정승 15명, 대제학 6명이 배출된 것도 조상의 음덕이라고 하는데, 과학적으로 분석하기 불가

마재마을에 있는 다산 정약용의 생가 여유당

능하지만 결과적으로 후손들이 명망을 떨친 것까지는 부인할 수 없는 사실이다.

묘역에는 김번과 그의 아들 김생해와 김대효, 김극효 등 손자, 증손 김광찬 그리고 김상용, 김상헌 형제가 묻혀 있다. 두 형제는 사후에 건립된 석실서원에 배향되며 여러 후학들의 추앙을 받았다. 묘 아래쪽에는 수석리에 있던 석실서원 관련 유적이 옮겨져 서 있다. 김상헌을 기리는 송백당 유허비, 송시열이 쓴 석실서원묘정비, 서원 입구에 있었다는 도산석실려 등 비석이 야외박물관의 전시유물처럼 세워져 있다.

다산 정약용이 그리워한 어린시절이 남아 있는 곳

자전거는 다시 도로를 타고 고려대학교 농장을 지나 예봉산 산자락 길을 타고 팔당역 방향으로 달렸다. 그냥 한강 자전거 길로 가지 않고 두 곳을 우회했더니 두어 시간 이상 시간이 더 걸렸고 몸의 피로와 스트레스도 더 크게 받게 된다. 그러나 팔당역까지 오르락내리락하는 산자락 길에서 자전거를 가속하며 쏜살같이 달리니 스트레스는 이내 사라진다. 이어서 달리는 한강 자전거길 라이딩은 왜 이리 재미가 있을까. 우회하지 않고 자전거 길로 곧장 갔더라면 어쩌면 이런 쾌감을 느끼진 못했을 거 같다. 역시 고생을 해야 진정한 즐거움을 알게 되는가 보다. 고생 끝에 낙이라는 말은 그냥 지어진 것은 아닐 것이다!

팔당에서 양수리 가는 한강 물줄기는 왼쪽으로 예봉산, 오른쪽으로 검단산 사이 좁은 계곡 사이로 흐른다고 해서 두미협이라고 불린다. 팔당댐으로 막히기 전 이곳 강물은 중요한 교통로였다.

1784년 봄 어느 날, 작은 배 한 척이 두미협을 지나고 있었다. 그 배에는 다산 정약용(1762-1836)이 타고 있었다. 큰 형수 제사를 마치고 형 정약전(1758-1816), 사돈 이벽(1754-1785)과 함께 한양으로 가는 길이었다. 이벽은 당시 천주교 교리에 해박했다. 두미협에서 이벽은 "천주님께서 만물이 자라도록 힘을 주신 것이네."라며 정약용에게 책을 한 권 건넸다. 정약용 형제는 호기심 가득한 표정으로 이벽과 토론을 벌였고, 그 책을 열심히 탐독하기 시작했다. 이때 정약용의 나이 스물 둘이다.

– "조선은 남양주에서 시작되고 끝난다", 〈아주경제〉, 2019년 9월 3일.

능내역에서 낮은 산 하나를 넘으면 정약용 유적지가 있는 마재마을이다. 사람들은 대개 능내역에서 마재고개를 바로 넘어가지만 나는 호수옆 오솔길을 이용한다. 이곳에서 느끼는 팔당호의 아름다운 풍경 때문이다.

다산 정약용 선생의 묘에서 본 여유당

　다산의 4형제는 이곳 마재에서 어린 시절을 보냈다. 이곳은 한양 교통로에 있다 보니 새로운 정보를 쉽게 접할 수 있었다. 형제들이 신학문과 천주교를 일찍 접할 수 있었던 것도 그런 까닭이다. 그것이 정약용 형제의 곡절 많은 삶의 서곡으로 이어지게 된다. 다산 정약용의 애민정신과 사회개혁 사상도 이런 까닭에 탄생된 것이다.

　1801년 이곳 마재 마을을 등지고 귀양길에 오른 정약용이 다시 고향으로 되돌아온 건 57세 되던 1818년, 유배 후 18년의 세월이 지난 뒤였다. 그토록 그리던 고향을 되돌아온 그의 마음을 어찌 말로 표현할 수 있을까. 강진 유배 시절 그는 고향의 풍경을 직접 그리고, 그 그림에 시를 적어 방에 걸어두었다고 한다.

하늘가 높다란 곳에 절간이 보이는데

수종산 산세와 더욱 잘 어울리네.

소나무 그늘진 곳에 내 정자 있고

배꽃 뜰 가득한 곳 바로 내 집이라네.

우리 집이 저기 있어도 머물 수가 없어

나로 하여금 저를 보고 부질없이 서성대게 하네.

- 장난삼아 초계도에 쓰다」, 『조선의 문화공간』, 이종묵, 휴머니스트

그의 『목민심서』 48권과 집필 중인 여러 책을 들고 고향으로 돌아왔다. 그토록 그리던 고향에 돌아왔지만, 아무리 강인한 그도 가슴속 깊이 상처 박힌 트라우마는 치유할 순 없었으리라. 늙어서 수종사를 찾기도 힘들었다고 한다.

다산 정약용은 고향에서 18년을 더 살다가 1836년 2월 숨을 거두었다. 그날은 결혼한 지 60년 되던 날이었다고 한다. 그는 고향집 뒷산에 영면했다. 한 인생의 고통과 비극적 삶은 사회개혁을 위한 수많은 경서를 남겼고, 수많은 문학작품을 남겼다. 그의 정신을 기리는 발길이 이어지고 있는 마재 고개를 넘어 능내역으로 향하는데 삼각산이 멀리서 보인다. 유배지 강진에서 보았던 월출산의 모습이 저 산을 닮아서 고향생각으로 눈시울이 붉어졌을 200년 전 다산의 모습을 떠올려본다.

종점인 운길산역은 해질녘이 가까워서야 도착했다.

다산 적약용 선생의 고향 마재 고개에서 보이는 삼각산

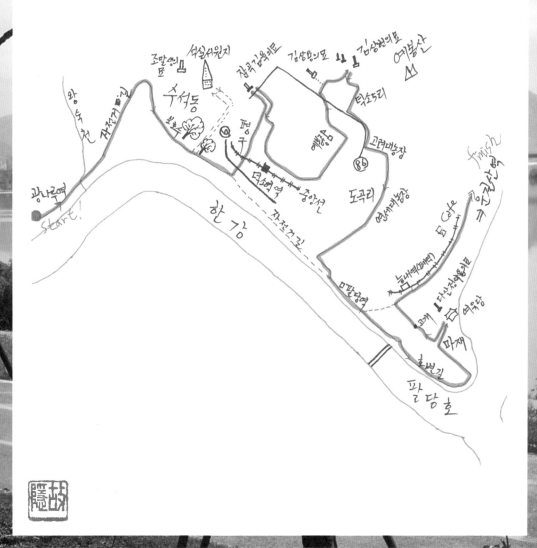

* **팔당호 주변 자전거 여행길** (단위 km)

광나루역 – 10 – 수석동 석실서원지 – 2.5 – 평구 마을(김육의 묘) – 1.5 – 덕소역 – (예봉중) – 3 – 김상헌의 묘 – (고려대농장, 연세대 농장, 한강자전거길) – 6 – 팔당댐 – 7 – 마재(다산 유적지) – 6 – 운길산역

두 번째 자전거 여행

시간을 찾아가는 길

정선 동강 - 홍천 · 인제 내린천 - 평창 흥정산 - 양수
리 - 남한산성 - 불곡산과 향수산 - 강진 다산유배길

정선 동강

정선 동강

줄배는 사라져도 뗏꾼들의 아라리가 흐르는 강

"한국에서 가장 아름다운 곳 하나를 꼽는다면 어디죠?" 누가 이 질문을 내게 한다면 나는 서슴없이 "정선이요!" 이렇게 말한다.

정선은 산이 깊고 물이 맑고 풍경이 아름답다. 그리고 아리랑의 가락이 흐르는 멋진 곳이다. 그 정선 풍경의 핵은 동강이다. 동강의 강줄기는 대부분 정선군 경계를 지나는데 영월읍에서 서강을 만나 그 이름이 소멸된다.

내가 동강을 처음 가보게 된 건 1997년경 한국의 오지 마을을 탐사하는 다큐멘터리 제작 때였다. 당시 사전답사에서 나는 정선, 평창 일대를 샅샅이 뒤졌다. 백룡동굴이 있는 마하리, 줄배 아니면 오갈 수 없는 연포 마을, 그리고 선평역에서 지장천을 따라 가수리로 가는 깊은 오지 등 동강 곳곳을 찾아다녔고, 최종적으로 연포 · 소사 마을을 촬영했다. 내 기억의 동강은 수달과 쉬리, 줄배, 디딜방아 등 순수함 그 자체다.

동강이 세간에 이목을 끈 건 1990년대 말 동강댐 건설 논란이 언론에 보도되면서였다. 그리고 그 논란을 잠재운 것은 한 편의 다큐멘터리였다. KBS 자연다큐멘터리 〈동강〉 방송 여파로 댐은 백지화됐다.

동강은 태백산, 오대산, 황병산, 함백산 등 높은 산에서 발원하여 흐르는 물을 합친 강이다. 태백산에서 내려온 골지천, 황병산에서 내려온 송천이 아우라지에서 합쳐져 강물은 조양강이라는 이름을 얻는다. 강은 하류에서 오대천 물을 섞으며 남으로 흐르다가 가수리에서 지장천 물을 받고선 이제 동강이라는 이름을 얻는다. 동강은 운치리와 덕천리를 지나면서 더욱 아름다운 풍경을 만들고 영월에서 서강과 합류하면서 제 이름을 소멸한다.

정선 동강 자전거 여행은 정선읍, 선평역, 예미역을 각각 들머리로 하는 것이 일반적이다. 어느 쪽에서 시작하든 동강 코스는 조양강(정선읍~가수리)이나 지장천(선평역~가수리)으로 들어와서 동강(가수리~연포마을/거북이 마을) 길을 타게 된다.

이번 여행에서는 선평역(정선군 남면 낙동리)에서 지장천을 따라 가수리로 가서 거북이마을까지 타기로 했다. 예전엔 지장천을 따라 가수리까지 가는 길이 없었지만 지금은 도로가 거의 다 나 있다.

동강 건너 절벽(뺑대)에서 본 연포 마을 (촬영 : 이규하)

물이 아름다운 마을, 가수리

가수리(佳水里)는 물이 아름다운 마을이다. 마을 끝에 이르면 동강이 바라다보이는 높은 곳에 수령이 570년 된 느티나무가 있다. 오른편 산자락 끝, 높은 벼랑에는 우람한 소나무도 있다. 고목은 강마을의 역사적 증거이자 풍부한 문화유산이다. 이곳 동강은 한때 한양까지 운반되던 뗏목이 지나가던 길목이다. 가수리 앞 강물을 바라보면 어디선가 뗏꾼들의 아라리가 들릴 것만 같다.

가수리에서 연포마을까지 길은 동강을 따라 하류로 내려가는 약 18킬로미터 거리다. 운치리까지는 이렇다 할 큰 오르막은 없지만 한반도 지형 전망대를 지나 제장 마을 이후부터 고성리를 지나 고개까지 3킬로미터는 긴 오르막이다. 표고 차는 200미터 조금 못 미치지만 땀을 꽤 흘려야 한다. 산바람이 시원하게 불어오는 고개에 올라 휴식을 취했다.

산 아래에 있는 마을까지는 쭉 내리막이다. 여러 대의 자전거가 한꺼번에 끼익하는 브레이크 소음이 산을 진동한다. 헤어핀 모양과 같이 꼬불꼬불하게 구비치는 길을 따라 돌며 신나게 내려오니 소사마을이다.

1997년 방문 당시 소사마을은 찌그덕 찌그덕 디딜방아 소리가 들리는 오지마을이었다. 학교가 있는 연포마을로 가기 위해서 소사마을 아이들은 줄배를 타야 했다. 사람뿐 아니라 가축도 줄배를 타고 강을 건넜다. 겨울엔 강이 얼어 소나무 섶을 덮어서 만든 섶다리로 강을 건넜다고 한다. 소를 사서 집으로 들어가려던 연포마을 주민이 소를 줄배에 올려 태우느라고 안간힘을 쓰던 장면, 아직도 기억에 생생하다. 20년 전 정감 어린 장면이 오버랩되며 옛 추억에 잠긴다.

1997년 KBS '오지마을' 취재 당시 사진

　10년이 흐른 뒤 그 줄배는 사라지고 그 자리에 콘크리트 교량이 놓여 있다. 우리의 자전거는 새로 놓인 다리 위로 페달 몇백 번으로 쉽게 강을 건넜다.

　연포마을 분교는 풀이 소복하게 자라 있다. 학교는 폐교되었지만 영화 〈선생 김봉두〉의 촬영 장소가 되면서 다시 유명해졌다. 영화는 아이들 교육에는 관심이 없고 오직 촌지에만 눈독을 들이던 김봉두 선생이 전교생이 5명뿐인 이곳 벽지학교로 좌천돼 와서 차차 아이들과 이웃의 소중함을 깨닫게 된다는 교훈적이면서도 약간 우스꽝스러운 스토리다.

　폐교 운동장 앞을 지나 표지판을 따라 거북이마을로 향했다. 야트막한 오르막을 올라 우거진 숲 길을 지나니 강물은 더 큰소리를 냈다. 시원한 바람을 가르며 강을 따라 계속 달렸다. 이런 길에선 굳이 속도가 중요하지 않다. 이 길에서 만약 경주를 한다면 나는 목적지까지 가장 늦게 도착하는 라이더에게 상을 주고 싶다.

풍경은 속도에 따라 다르다. 같은 길에서도 차를 타고 갈 때 보던 풍경과 걸어가면서 보는 풍경은 다르다. 자전거 여행에선 바퀴를 천천히 굴릴수록 눈은 더 많은 풍경을 담게 된다. 자전거 여행은 풍경을 마음에 담는 여행이기도 하다. 그 풍경은 내 마음에 주는 선물과도 같은 것이다. 아름다운 풍경 속으로 이끄는 여행일수록 더더욱 그렇다.

강 건너 가정 마을을 먼발치로 보면서 거북이마을에 도착했다. 마을은 비교적 너른 편이지만 오직 한 집만 있다. 대처에 나가살던 아들은 어머니가 홀로 사는 이곳에 귀농했다고 한다. 동강의 아름다움에 취해 강을 벗하며 강을 지키고 있다. 동강의 청정 자연이 주는 이득도 있다. 아름다운 이곳의 자연을 찾아오는 관광객과 동강에서 잡은 다슬기로 수입을 얻는다.

거북이마을 앞 동강은 쏘가 제법 깊고 강변의 모래밭이 넓다. 강가는 시원하지만, 뙤약볕이 강해 오래 머물 수가 없다. 여기서 백룡동굴까지는 지척의 거리. 하지만 동강 양안의 협곡에 막혀 갈 수 있는 길이 없다. 배를 타고 강을 두 번 건너면 백룡동굴이 있는 문희마을까지 갈 수는 있다고 한다. 오늘 우리는 갈 데까지 간 것이다. 시간 여유만 있다면 이곳 강변에서 매운탕을 끓여먹으면 좋으련만…. 당일치기 일정의 빠듯함 때문에 오늘도 되돌아가기 바쁘다. 흐르는 강물과 여울소리, 그리고 땀 흘렸던 오늘의 기억 때문에 조만간 또 이곳을 찾게 될 것같다. 부디 아름다운 이 자연이 지금만큼이라도 잘 지켜지리란 희망으로 그날을 기다린다.

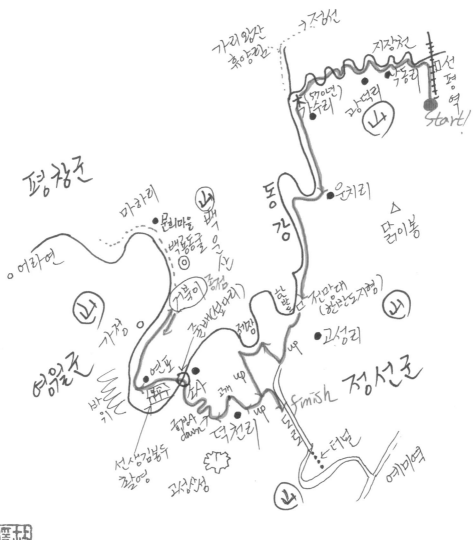

* **정선 동강** (단위 km)

선평역 – (개미들, 광덕리) – 13 – 가수리 – (운치리) – 13 – 제장 마을 – (고성리) – 3 – 고개 – (소사 마을)
– 3 – 연포 마을 – 2.5 – 거북이 마을(회귀)

홍천 · 인제 내린천

흥이 일어 찾았고, 흥이 다해 되돌아간다

누구나 마음에 묻어둔 여행지가 있다고 한다면 내겐 내린천이 바로 그곳이다.

내린천! 이 아름다운 계곡을 내가 처음 만나게 된 건 1983년 박태순 선생의 『국토와 민중』이라는 책을 통해서였다. 국토의 풍경이 민족사에 어떤 의미가 있으며 이를 어떻게 평가해야 하는지 일깨워주는 의미 있는 책이다. 1980년대 초 '국토'라는 단어는 민주주의가 억압받던 그 당시의 시대정신이었다.

억압받는 시절일수록 국토는 희망의 촛불과 같았다. 일제강점기 육당 최남선은 『심춘순례』에서 국토는 '조선의 역사이며, 철학이며, 시며, 정신'이라고 하며 민족주의의 상징으로써 국토를 표현했다.

1970~1980년대에 국토에는 민중 혹은 분단이라는 코드가 심어져 있었다. 『국토와 민중』에서 박태순 작가는 '국토의 주인은 민중'이라고 정의하며 '국토가 진정 우리에게

무엇인가'라는 문제의식을 던지며 기행문을 냈다. 그는 국토를 단순한 아름다움의 대상으로서 관광이 아닌, 기층민중에 대한 따뜻한 시선으로 국토 인문기행을 했다. 책의 말미에서 저자는 시를 남기며 단절된 국토의 통일을 화두로 던지고 있다.

이 하늘 아래, 이 땅 위, 이 현실 속

우리 국토에 가득한 통일과 평화

착한 노래에 아름다운 그림으로 펼쳐지고

사람답게 제대로 눌러 사는 터전이 되기를

…

그러한 흐름에 방송도 힘을 실어줬다. 1987년 원단에 KBS가 방송한 〈코리아 판타지 백두대간〉이 그것이다. 우리의 삶의 터전으로서 국토 구석구석을 밟으며 뿌리박아 살고 있는 기층 민중에 대해 따뜻한 시선이 프로그램의 기저를 흐르는 맥이다.

나의 국토기행도 그런 시대적 상황에서 시작됐던 것 같다. 1983년 어느 봄날, 한대수의 '물 좀 주소'가 수록된 음반 〈멀고 먼 길〉의 표지 사진은 내 마음을 이미 국토의 속살 어디론가 떠나보내고 있었다.

무전여행의 여장을 꾸리는 데는 단 이틀이면 족했다. 경량 장비가 없던 시절, 그 육중한 배낭을 메고 20여 일 일정으로 떠난 청춘시대의 기행. 내린천을 처음 만나게 된 것도 그때였다.

상원사에서 북대사를 올라서 오대산을 종단한 것도 그 책의 안내에 따른 것이었다. 오대산 산장에서 온종일 걸어서 어둑할 무렵에야 도착한 홍천군 내면 명개리. 내린천의 발원지인 그 마을엔 전기도 없이 너와집만 드문드문 있을 뿐이었다.

내린천 풍경의 핵심은 '광원리~살둔~미산리' 구간이다. 박태순의 국토기행에서는 그곳을 이렇게 묘사했다.

"5만분의 1 지도를 펴놓고 보면 강물이 창자처럼 휘어져 구불거리는 지형이며, 궁궁을을(弓弓乙乙)의 풍수지리처다. … 북쪽으로 방태산, 개인산, 숯돌봉이 솟아 있고, 아래쪽에 맹현봉이 솟구쳐 있어 그 사이로 계류가 뱀처럼 구불탕 구불탕 흐르고 있다."

박태순 선생 일행도 미산리까지는 들어가보지 못했던 것 같다. 나 또한 '살둔리~미산' 구간은 미답지로 남겨야 했다. 차편도 없고 아니, 차가 다닐 수 있는 길 자체가 없기 때문에 갈 수도 없었고, 일정 또한 충분치 못했다.

내가 그곳을 방문한 것은 1992년 KBS 〈기동취재 현장〉 팀에 있을 때였다. 도로개설 공사를 앞두고 변화를 맞게 된 내린천 오지마을에 대한 취재였다. 살둔마을에서 조금 떨어진 문암마을이라는 산골짜기에 80년 역사의 교회가 있다는 것도 그때 알았다.
1916년 어느 외국인 선교사가 문암마을에 사냥을 왔다가 큰 눈에 갇히게 되었는데, 그것이 계기가 되어 복음의 씨앗이 뿌려졌다는 것. '이건 성탄절에 내면 어울릴 소재네!' 하고 기다렸다가 그해 1992년 12월 성탄절 산골교회의 표정을 찍어 12월 25일 〈뉴스9〉에 보도했다.

얼마전 봄, 옛 기억을 따라 그곳으로 자전거 여행을 떠났다. 그곳은 얼마나 변했을까. 자전거 여행은 인제군 방내리를 출발, 문암마을 일대를 경유하며 내린천을 따라 살둔과 미산리를 지나 원점으로 회귀하는 50여 킬로미터 여정이다.

기억으로 찾아간 문암마을, 문암교회, 안현동 마을

라이딩 출발지에서 방내천을 따라 율전 방향으로 31번 국도는 완만한 오르막길이다. 10여 킬로미터를 직진해 율전3리 이정표를 따라 왼쪽 길로 접어들어 오르막 도로를 올라가면 밤밭이 고개가 나온다. 국도에서 3.5킬로미터 거리다. 후미가 오기까지 고개에서 한참을 기다리며 휴식 시간을 가졌다.

밤밭이 고개에서 문암마을까지는 쭉 내리막이다. 겨울에 제설용으로 뿌린 모래가 아직도 도로에 남아 있어서 자전거의 속도를 줄여 천천히 내려가니 길 옆으로 집들이 드문드문 있다. 율전3리 소위 밤밭이 마을이 여기다. 그다지 특색이 없는 산골 마을과 옛날 분교 터를 지나 좁은 계곡을 따라 쭉 내려가니 문암교회 표지판이 있다. 교회는 여기서 우측 길로 1.5킬로미터 정도 더 들어가야 한다. 휴식을 취하고 있는 일행의 양해를 얻어 나는 다른 동료 한 명과 함께 문암교회로 향했다. 기억을 따라가는 여행이기에 이 길은 내겐 특별한 코스다. 내 추억 속에 산골 교회 마을은 여전히 흰 눈 쌓인 동화의 세계다.

문암감리교회 (1916년 브라만 선교사가 설립)

황토색 비탈 밭 너머로 하얀 십자가가 눈에 들어온다. 예배당은 한옥으로 새로 지어져 있어 예전과 같은 소박한 맛은 느껴지지 않는다. 예배가 끝나기를 기다려 10여 명의 신도들이 있는 교회 안으로 들어가자 낯익은 얼굴이 몇 있다. 외모가 깔끔해 기억에 남은 맹재철 씨, 촬영 당시 디딜방아를 찧던 할머니도 나를 반가이 맞이해줬다.

스마트폰에 담아온 당시 뉴스 리포트를 보여드렸다. 비탈 밭에서 스키를 타던 청년, 디딜방아 찧던 할머니, 떡메 치던 청년들. 성탄전야 흰 눈 내리던 교회의 야경, 종소리. 재롱잔치를 벌이던 꼬마들…. 당시 여자 아이들은 대부분 시집을 갔다고 했다. 뉴스 동영상은 전도사님께 이메일로 전해주기로 약속하고 아쉽게 작별인사를 나눴다.

다시 삼거리로 내려오자 일행들은 이미 떠나고 없다. 여기서 살둔마을까지는 7킬로미터로 비포장이다. 살둔마을 직전에 있는 안현동 마을도 기억에 남는 곳이다. 그때 취재 당시 이 마을에는 1950년산 사륜구동 랜드로바를 두 대나 갖고 있던 주민이 있었다. 한 대는 실제 운행하는 랜드로바, 다른 하나는 부품 조달을 위해 구입한 폐차 랜드로바다. 그는 양봉을 하러 이 마을에 들어왔다가 그대로 정착했다고 말했다. 오늘도 그 집 마당엔 하얀 양봉 통이 즐비하게 놓여 있다.

취재 이후 10년 가까이 지났을까, 우연히 그 양봉 아저씨가 꿈에 나타났다. 그는 랜드로바 뒷좌석에 흑염소 한 마리를 싣고서 살둔마을 고갯길을 오르고 있었다. 나는 반가이 인사를 하며 차에 동승했다. 덜컹거리는 차에 올라 안현마을로 가고 있었다. 그러곤, 더 이상 기억나지 않는다.

그 꿈을 꾼 다음 날, 마침 비번이라 차를 몰고 살둔을 찾았다. 단풍이 빨갛게 물든 가을이었다. 그러나 막상 안현동 양봉 아저씨는 만나지 못했다. 개가 짖어대 그 집 사립문을 열 엄두가 나지 않았다. 이내 감흥이 다한 것인가!

7~8년 전 송년회 때 대학 동창생들을 만나면서 나는 이 말을 했던 기억이 난다. 오

랜 세월이 흐른 뒤 옛 친구를 만나서 기분이 좋은 것은 비단 그 친구를 만난 것 때문만은 아닐 것이다. 사라져간 과거의 나를 만나게 되니 기분이 벅차오르는 것이라고.

희미한 추억 속에 자리한 내 젊음의 공간을 만나는 것이기에 이 여행지는 감흥에 도취되기에 충분한 곳이다. 흥이란 그런 것이다. 중국의 명필가 왕희지의 아들 왕휘지(王徽之, ?~383. 자(字)는 자유(子猷))와 그의 친구 대규(戴逵, 자(字)는 안도(安道)) 사이에 얽힌 일화를 어느 일간지 한시해설에서 읽은 적이 있었다.

왕휘지는 어느 날 잠에서 문득 깨어보니 세상이 온통 하얗게 눈이 내려 있었다. 그때 대규가 갑자기 그리워졌다. 왕휘지는 밤새 노를 저어 섬계에 사는 친구 대규의 집에 도착했다. 그런데 친구집 사립 앞에 이르러서 그는 사립문을 두드려보지도 않은 채 되돌아왔다. 사공이 "갔으면 친구를 만나고 오실 일이지 어찌 그냥 돌아오셨습니까?"라고 물으니 왕휘지는 이렇게 말했다고 한다.

"원래 흥을 타서 갔다가, 흥이 다해서 돌아온 것이니 어찌 꼭 친구를 볼 필요가 있겠소.(乘興而行 興盡而反 何必見戴安道耶)"

나도 왕휘지의 마음을 이해할 수 있을 것 같다. 내가 안현동 양봉 아저씨를 찾은 것은 흥에 젖었던 때문인데, 그 흥이 다해 돌아갔지만, 나를 떠올리며 이 외로운 산중을 찾아온 사람이 있었다는 것만으로도 그는 행복하지 않았을까. 지극히 주관적 판단이지만. 안현마을에서 내려오면 먼발치로 내린천이 휘감아 돌아 흐르는 풍경이 보인다. 강물 건너편이 살둔마을이다. 마을에는 폐교와 함께 멋진 산장이 있다. 산장은 전통 귀틀집 같기도 하고 일본식 건물 같기도 하다. 이 산장은 윤보선 대통령의 동생분이 1985년에 지었다고 한다.

살둔에서 미산리를 향하는데 앞서 달리던 문 회장이 연신 카메라 셔터를 눌러댔다. 무슨 희뿌연 물질이 내린천 계곡으로 날아다니고 있는 것이다. 연기나 어디선가 날아온 먼지더미겠거니 생각했다. 희뿌연 비산의 실체를 짐작한 건 노리끼리해진 소나무의 새순을 보고난 직후이다. 그것이 내린천 주변 산천에 어마어마하게 뿌려대는 연둣빛 송화 가루였던 것이다.

자전거는 내린천 본류를 벗어나 방내천으로 따라갔다. 살둔에서 이곳까지는 20킬로미터 거리다. 멋진 경치도 흔하면 쉬 피로해지는 법. 목도 마르고, 배도 고프다. 이렇다 할 매점도 없다. 허기를 참으며 방내천 하류 어느 쉼터에 도착했다. 지하 암반에서 나온 시원한 생수로 목을 축이니 피로가 일순간 사라진다. 여성 주인은 먼저 도착한 라이더들과 벗하고 있었다.

송화가루 날리는 4월의 내린천

도회지 목 좋은 곳마다하고 이곳에 터를 잡은 그 주인장의 안목도 궁금하다. 20여 년 전 취재 당시 내린천 부근에서 만났던 그분은 혹 아닌지…. 그때 그 여인은 그곳보다 더한 오지를 찾아 미산리 쪽으로 떠난다고 했다.

오늘도 흥이 나 여행이 시작됐고, 다시 현실로 돌아왔다. 내일도 옛 친구를 찾아 섬계로 떠나는 꿈의 여행을 하고 싶다.

내린천

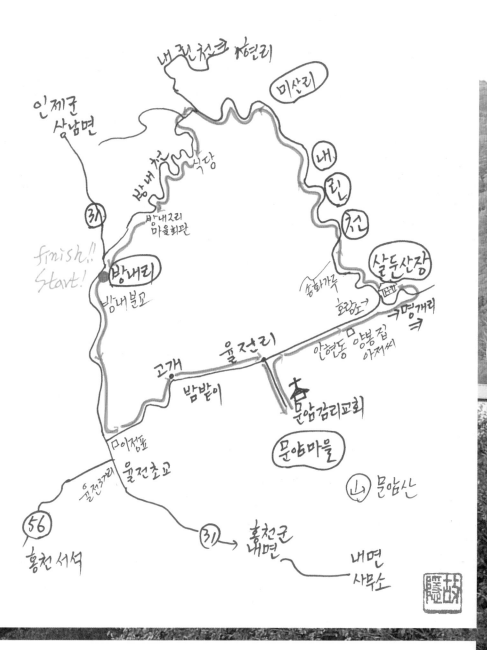

* **홍천 · 인제 내린천** (단위 km)

방내리 − 10 − 율전3리 표지판 − 3.5 − 밤밭이고개 − 7 − 문암마을 − (안현동) − 살둔마을 − (내린천, 미산리) − 27 − 방내리

평창 흥정산

해피 700! 심산유곡 산길 따라 행복 라이딩

봉평 600, 진부 700, 대관령 800. 평창군 각지의 대략적 해발고도다. 평창군의 평균 해발고도는 사람이 살기에 가장 적합하다는 700미터이다. 그래서인지 평창군은 '해피700!'이라는 슬로건을 내걸고 있다.

어느 한의사는 해발 700미터 급이 사람이 살기에 가장 쾌적한 조건이라고 했다. 지난 6월, 라이딩 행선지는 해발고도 700미터 급인 가까운 평창군 흥정산 계곡 일대다. 그곳에서 몸이 가뿐해지고 행복감을 느꼈던 건 그 고도 때문이라고 하면 지나친 과장일까? 산악자전거를 타면서 느끼는 기분 좋은 상태를 은어로 '산뽕을 맞는다'고 한다. 오늘도 산뽕을 맞고 온 기분? 그렇다. 후기를 쓰는 지금도 내 몸은 흥정계곡 덜컹거리는 길 위의 자전거 안장 위에 앉아 있는 듯하다.

라이딩은 계절마다 그 느낌이 다르다. 봄은 따스한 햇살에 설레어 몸 풀기에 좋으며 여름은 고산의 싱글 다운 힐을 즐기기에 제격이다. 해발 1,000미터가 넘는 용문산이나 태기산 정상 부근의 싱글, 혹은 명지산 오뚜기령에서 논남기까지 계곡, 화천군 해산터널에서 비수구미 내려가는 계곡 등이 여름 라이딩의 최적지다. 가을은 어디든 다 좋고, 백설기 같이 하얀 눈이 쌓인 오솔길에서 타는 겨울철 스노 라이딩도 기술만 익히면 흥미진진하다.

이곳 흥정계곡은 봄부터 가을, 언제나 좋다. 이곳은 불과 10여 년 전만 해도 인근 횡성의 병지방, 정선의 덕산기 계곡과 함바위 마을, 동강 연포마을 등지와 더불어 강원도의 대표적 오지마을로 꼽혔다. 이곳은 오래전부터 나와도 인연이 깊다. 오지 답사 취재를 위해, 혹은 피서여행으로 이미 대여섯 번은 다녀왔고, 흥정산 임도를 한 바퀴 도는 라이딩도 여러 번 했다.

구목령을 오르다

기상청 예보로 서울 낮 최고 기온이 섭씨 30도를 웃돌았는데 흥정계곡은 서늘하기만 하다. 물이 깊고 숲이 좋은 때문이다. 흥정계곡 라이딩에선 어디서 출발을 하든 원점회귀가 가능하다. 이곳 라이딩의 일반적 코스는 다음과 같다.

1) 봉평에서 출발해서 흥정산을 반시계 혹은 시계 방향으로 한 바퀴 도는 코스,

2) 봉평에서 운두령을 넘어서 약 3킬로미터 내려가서 왼쪽으로 이어지는 자운리 임도를 타고 불발현~흥정계곡으로 지나는 코스.

3) 홍천군 서석면 생곡리에서 출발, 흥정산을 시계 방향 혹은 반시계 방향으로 한 바퀴 도는 코스

이번 라이딩은 봉평에서 출발해 흥정산을 시계 방향으로 돌면서 구목령 넘고, 다시 장곡현을 넘어 한 바퀴 도는 코스다.

허브농원을 지나고 오토캠핑장 앞에서 흥정계곡 다리를 지나서 조금만 가면 무인지 경이다. 길에는 잡풀이 우거져 있고, 돌멩이도 있어서 자전거가 많이 덜컹거린다. 숲 이 터널을 이루고 있어 숲길은 어둡다.

완만한 오르막길로 계속 자전거를 밟으니 태기산 능선을 따라 나란한 풍력발전기가 가까이로 다가온다. 지도에서 보면 태기산에서 흥정계곡 쪽으로 떨어지는 능선은 등 고선이 비교적 완만해 보여 어쩌면 자전거를 탈 수 있지 않을까 생각했는데, 막상 여 기 와서 보니 산이 꽤 가팔라 보인다.

산악자전거에 재미를 붙이면서 나는 지나가다 경사 완만한 산 능선만 보면 "저기 자전거를 올려서 탈 수 없을까?" 신나는 상상을 해보는 습관이 생겼다. 상상은 열망으로, 다시 열정으로 고착되며 나의 산악 라이딩 이력서에 칸 수가 점차 늘어났다. 그런 끝에 지금 나는 수도권 산의 상당수 능선에 자전거를 타본 이력이 생겼다.

홍정계곡은 지루하리 만큼 계곡이 깊다. 길은 그다지 가파르지 않다. 그렇지만 이런 깊은 산중에선 언제나 마음의 준비가 필요하다. 어느 길이든 높은 데 올라가려면 '깔딱고개'가 있기 때문이다. 마음을 비우고 올라가고 있는데, 멀리 스카이라인이 보이는 것이다. 마음을 비운 탓일까. 정상은 뜻밖에도 빨리 나타난 느낌이다. 구목령이다. 산 꼭대기에 고목이 아홉 그루가 있었다고 해서 붙여진 이름이다. 이곳은 오대산 두로봉에서 시작한 능선이 양수리까지 이어지며 북한강과 남한강의 경계를 나누는 한강기맥 능선이다. 여기서 기맥을 따라 북쪽으로 가면 장곡현이다.

구목령 정상은 해발 1000미터 급인만큼 6월인데도 아직 아카시아 꽃이 만발해 있다. 여기서부터 생곡저수지까지 계속 내리막이다. 오르막과 마찬가지로 내리막도 체력과 기술에서 개인차가 많이 난다. 그다지 속력을 많이 내지 않았지만, 한참을 기다려 후미 그룹이 내려왔다.

구목령에서 생곡까지 6.5킬로미터를 타고 내려오면 내가 잘 가는 막국수집이 있다. 지난해 운두령 라이딩 때 일행 중 한 분의 추천으로 이 집 막국수 맛을 본 적이 있었다. 열심히 달리고 나서 시장기가 돌 무렵에야 맛없는 음식이 어디 있으랴만, 그런 것을 감안하더라도 시원한 동치미와 푸짐하게 나오는 손두부를 곁들여 먹는 막국수 맛은 어디에 가도 뒤처지지 않을 것 같다.

점심식사 후, 율전 방향으로 향하는데 멀리 까마득하게 높은 산이 보인다. 산과 산 사이 움푹 들어간 곳 어딘가에 해발 950미터 장곡현이 있을 것 같다. 생곡리가 해발 350미터니 저 고개까지는 아직도 600미터를 더 올라야 한다. 눈 앞이 까마득하다.

국도를 3킬로미터 정도 달리다가 오른쪽에 있는 다리를 건너 쭉 가면 장곡현 고개로 이어진다. 다리에서 3킬로미터 정도 더 가면 마을이 끝나고 임도가 시작된다. 초장부터 기를 죽이려고 하는지 길은 매우 가파르다. 모두 '끌바'를 할 태세. 페달을 밟고 오르는 이는 나뿐이다.

이런 데서 힘 빼지 않아야 하는데, 초반에 무리를 했던 것 같다. 이어서 나를 추월하는 동료가 점점 많아진다. 꼬불꼬불한 길을 수없이 돌았기에 고개에 거의 도달했거니 생각했는데 길은 다시 산허리를 돌아 오르고……. 아직 정상은 저 멀리에 있다. 짧은 휴식과 긴 휴식을 되풀이하며 쉬엄쉬엄 달리는 게 상책이다. 도중에 자작나무숲도 나오고, 전망이 터져서 풍경이 시원하다. 그러나 길은 모래가 깔려 있어서 방심해선 안된다. 만약 이 길을 거꾸로 타고 내려간다면 매우 조심스럽게 타야 할 것 같다.

해발고도가 800여 미터를 넘게 되면서 길은 비교적 완만하다. 선두 그룹은 휴식 없이 달려 나갔으니 이미 장곡현에 도착했을 것이다. 앞선 라이더와 거리가 멀어지면서 나홀로 라이딩이 된다. 자연 사색이 깊어진다. 정신없이 오르내리기만 할 때는 주변 풍경을 살필 겨를이 없더니 이렇게 천천히 오르니 길도 보이고 숲도 보인다. 뒤를 돌아보니 첩첩으로 포개진 산이 그림 같은 풍경을 이루고 있다. 이윽고 도착한 장곡현. 곧바로 내려가면 오전에 지났던 구목령이다.

장거리든 단거리든 자전거 라이딩에선 배낭에 물과 비상식량, 기본공구 등 짐을 최소화하려는 게 상식인데 버너와 코펠까지 휴대해온 분이 있다. 고생을 사서 하는 그 이유는 단 하나, 일행들에게 맛있는 커피 맛을 보여주기 위한 뜻이다. 동료 라이더에 대한 이타심에 고개를 숙이게 된다. 커피 한잔에 피로를 풀고, 커피 한잔에 우정이 짙어진다면, 배낭 무게의 고통을 상쇄하고 남을 어떤 이득이 있으리라.

커피와 함께 간식을 하고 일어나 홍정계곡 아래로 내달렸다. 길은 5킬로미터 가까이 무인지경의 내리막으로 정말 환상적인 느낌이다.

올해는 봄에 한 번, 여름에 한 번 여기를 달렸고, 이제 가을 단풍철 라이딩만 하면 올해 홍정산 라이딩은 완결이 된다. 코스는 이번과 달리 반시계 방향으로…. 홍정계곡 기행문 완결판도 그때 이루어질 것이다.

장곡현을 오르면 첩첩으로 포개진 산이 그림 같은 풍경을 이룬다.

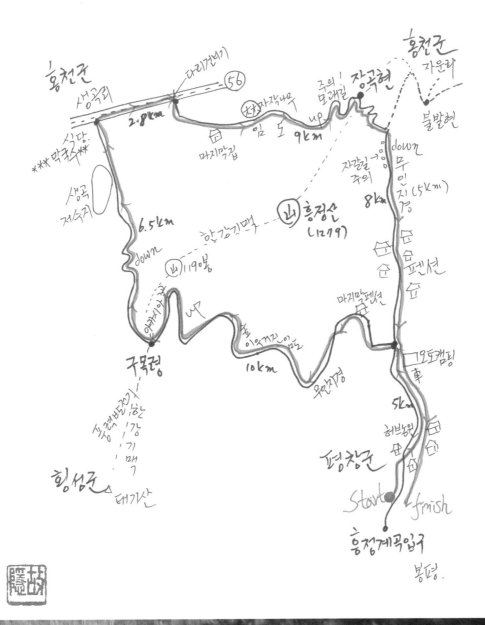

* **흥정산 순환 임도** (단위 km)

흥정계곡 입구 – 5 – 오토캠핑장 – (다리 건넘) – 10 – 구목령 – 6.5 – 생곡리 – 2.8 – 고분대월길 – 9 – 장곡현 – 8 – 흥정계곡 오토캠핑장 – 5 – 흥정계곡 입구

남한강 자전거길

양수리

바람소리도 향기로운 한강기맥 두물머리 산길

일요일 아침 9시, 북한강 옛 철교 위로 나있는 자전거길이 눈이 부시다. 오늘은 갑
산공원묘지 오솔길을 따라 내려와서 부용산 정상을 오른 뒤 양수리로 되돌아올 계획
이다.

북한강변에서 갑산공원으로 들어가는 마을에서 뾰족한 삼각 봉우리가 눈앞에 보인
다. 노적봉이다. 그러고 보니 봉우리는 볏단을 쌓아둔 노적가리와 비슷하다. 노적가
리는 풍요의 상징이다. 그 이름이 좋아선지 우리나라에는 노적봉이 100개도 넘는다고
한다. 이 마을 사람들도 늘 저 노적봉을 보며 부자의 꿈을 꾸어왔겠지. 원하면 이루어
진다는 말처럼 이름 하나 잘 지어주면 그 사람 반드시 이름값 한다는 말도 있지 않는
가.

최진실, 최진영 두 남매가 영면하고 있는 갑산공원묘지

노적봉이 시야에 비켜나면 이제부터 길은 서서히 오르막이다. 처음에는 완만하다가 나중에는 꽤 가팔라져서 오랫동안 끙끙대고 올라야 갑산공원묘지에 도착한다. 이곳엔 한 시대를 풍미한 스타가 잠들어 있다. 시대의 연인으로 살다가 자살로 최후를 마친 고 최진실(1968~2008), 그 옆에 함께 누운 그녀의 동생 고 최진영(1971~2010). 한 가족의 비극 앞에 가슴이 아려온다. 무엇보다 국민들의 사랑을 독차지해온 연예인의 급작스런 부음을 듣고 사람들은 마치 여동생이 세상을 떠난 것처럼 슬퍼했다. "남자는 여자하기 나름이에요."라는 어느 가전제품 광고 멘트 하나로 일약 스타로 오른 최진실은 이어 영화와 방송에 출연해 전국 스타가 되었다.

1990년, 내가 소속된 시사교양부서에서 〈연예가중계〉를 제작하던 때가 있었는데, 그때 선배 중 한 분이 최진실을 인터뷰하러 갔다가 코앞에 있는 최진실을 두고 "여기 혹시 최진실이 왔어요?" 이렇게 물었다고 하면서 웃음을 자아낸 적이 있었다. 그때만 해도 최진실이 배우로서 이름이 크게 뜨지 않았을 때였다.

고 최진실은 드라마에서 귀엽고 강인한 모습으로, 그 시절 국민여배우와 같은 존재였다. 〈장밋빛 인생〉, 〈별은 내 가슴에〉, 〈고스트 맘마〉, 〈남부군〉 등 그녀가 출연한 작품의 타이틀 석판이 묘지 주변을 에워싸고 있다. 마음이 숙연해진다. 세월이 지나 추모객 발길이 뜸할 때 연이어 이곳을 방문하게 된 것도 그 어떤 인연의 이치인가.

두 남매의 슬픈 사연을 가슴에 안고 오솔길을 달린다. 길 위로 낙엽이 깔려 있다. 우리가 지나는 길은 한강기맥의 말단 능선이다. 한강기맥은 오대산 두로봉(1422미터)에서 시작해 두물머리까지 이어지는 총길이 167킬로미터의 산줄기다. 기맥은 남한강과 북한강이 서로 침범하지 못하게 막는 커다란 성체와도 같은 산줄기다.

이곳 한강기맥에는 지나는 산행객조차 없어 아주 호젓하다. 양수리까지의 능선은 완만한 내리막으로 3킬로미터 조금 넘는다. 간혹 나뭇가지 사이로 북한강이 보인다. 산바람도 2주 전과는 또 다른 느낌이다. 입을 크게 벌려 호흡 한 번 하면 솔향기 한 모금 듬뿍, 봄의 기운을 머금은 산 공기의 맛은 한결 부드럽다. 나무들이 해토된 땅에서 물기를 잔뜩 흡입하고 있을 지금 봄의 전령은 알게 모르게 이미 내 곁에 와 있을 테다.

양수리로 다시 돌아오면 여기서 라이딩을 마칠 것인지, 다시 한 코스를 더 탈 것인지 선택해야 한다. 일행들은 합의하여 라이딩을 더하기로 했다. 이어지는 코스는 물소리길이다. 양수리에서 벗고개를 향해 4킬로미터 정도 가면 오른쪽에 한음 이덕형 묘가 나온다. 묘소 아래엔 신도비가 있다. 다리를 건너 비각 앞으로 다가갔다. 한음은 조선시대 명현이다. 그와 쌍벽을 이룬 친구가 오성 이항복. 오성은 1556년생이고 한음은 1561년생, 둘은 같은 훈장 밑에서 공부를 했다. 두 사람 모두 당대의 천재였지만 벼슬 운은 한음이 더 좋았다고 한다. 북인과 맞서다가 유배 중에 세상을 떠난 오성 이항복과 달리 한음 이덕형은 남인이었지만 상대적으로 당파에 초월한 덕분에 영의정을 세 번이나 지내며 비교적 순탄한 인생을 살았다.

이덕형 묘 입구에서 도로를 따라 몇백 미터 올라가면 큰 느티나무 몇 그루가 서 있는 마을이 있다. 부용산 등산은 여기서부터 시작이다. 물소리길 표지판을 따라 우회전, 논둑길을 지나 만나게 되는 둘레길을 따라 오른쪽으로 10여 보 지나면 왼쪽에 부용산 등산로가 나온다. 이제부터는 거의 '끌바', '들바' 해야 한다.

그렇게 해서 고개까지 올라가니 바로 아래에 약수터가 나왔다. '물소리길 약수터'라는 예쁜 이름이다. 앞서 간 두 사람은 약수터를 모르고 지나쳤는지 보이지 않았다. 휴대한 물병의 물을 다 마시고 약수로 병을 가득 채웠다. 약수터 옆에는 부용산의 전설이 구구절절 적힌 간판이 있다. 임금님과 함께한 첫날밤에 그만 방구를 뀌어서 소박을 맞았다던 어느 부인의 이야기가 전설 따라 삼천리 식으로 적혀 있다.

부용산 정상에는 그 부인의 묘가 있다고 한다. 전설과 역사는 그 차이가 무엇인가. 구전으로만 전해 내려오면 전설일 뿐이고, 문자로 남기면 역사가 된다. 그것을 상상력을 가미해 스토리텔링해서 특화하면 그 지방의 관광자원이 된다. 그러게 요즘 지자체에서는 깨알 같은 역사기록 한 줄, 가물가물해져가는 구전 한마디에도 살을 붙인다. 이름 없는 산길에도 인문학이 깃들이게 되면 한 번 더 찾게 된다.

부용산 오르는 길은 가팔라서 자전거를 메고 올라가야 한다. 굳이 산으로까지 자전거를 끌고 오는 이유는, 산 위에서 내려다 보는 풍경과 하산하면서 몸이 느끼는 즐거움을 누리기 위해서이다. 부용산 정상에선 두물머리가 한눈에 내려다보인다.

부용산 정상부터 양수리까지 3.5킬로미터는 완만한 길과 까칠하고 급한 다운힐이 섞여 있다. 오늘 라이딩의 백미는 이 코스의 마지막 구간이다. 부용산 등산로를 다 내

려와선 대개 양수리 표지판을 따라 오른쪽 길로 내려갔지만 오늘은 직진을 했다. 이쯤 되면 힘 안 들이고 가는 게 상책인데…. 힘들더라도 풀코스를 타보자는 생각이었는데 역시 그러길 잘했다. 잠깐동안 업 힐을 위한 수고를 하면 이어지는 하산 길이 너무나 신난다. 오늘 하루를 크게 매듭짓는 대단원에서 하루치의 엔도르핀이 죄다 분출되는 느낌이다.

마지막 길은 이래야 여한이 없다. 하루에 200리를 타고도 아쉬움이 느껴진다면 그 이유는 마지막 코스에서 짜릿함을 맛보지 못한 까닭이다. 다탔다 싶은데 아름다운 비단길이 하나 더 있거나, 예기치 않게 짧지만 짜릿한 길을 또 하나 마주한다면 라이더 는 한 번 더 쾌락과 함께 마음의 포만감을 느끼기 때문이다. 몸을 혹사한 것에 대해 길 이 준 선물같은 것이다. 산 위에서 부는 산바람 더없이 시원할 여름, 낙엽 바삭 거리는 가을도 좋다. 산 속 라이딩은 계절마다 다른 느낌이라 더 좋다.

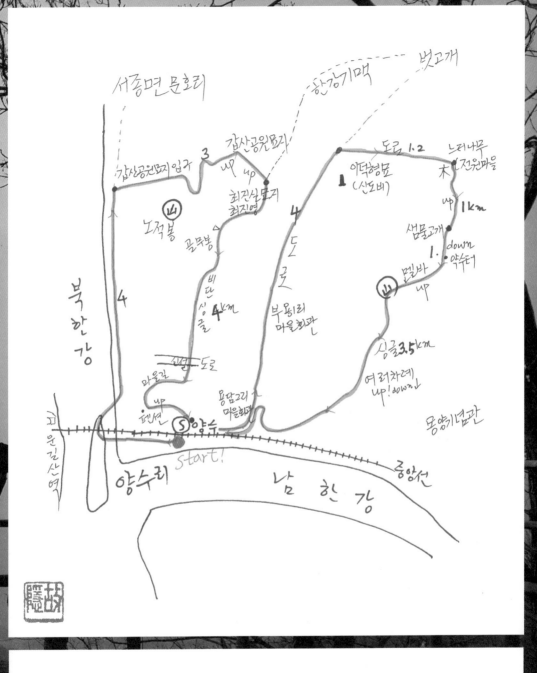

* **두물머리 한강기맥과 물 소리길** (단위 km)

양수역 – (북한강) – 4 – 갑산공원묘지 입구 표지판 – 3 – 갑산공원묘지 – 4 – 양수역 – (부용2리, 부용1리)
– 4 – 한음 이덕형 신도비 – 1.2 – 목왕리(느티나무) – (샘물고개) – 1 – 부용산 정상 – 4 – 부용2리 – 4.5
– 양수역

남한산성 남문(지화문)

남한산성

병자호란 그 패전의 산길

소설『남한산성』

나이가 들었다는 증거일까, 높은 산보다 낮은 산이 좋다. 기왕이면 가까운 산이 좋다. 문득 마음 내키면 곧바로 신발끈을 묶고 바로 달려 나갈 수 있는 그런 산. 지하철로 한 시간 거리에 있는 남한산성도 그중 한 곳이다.

최근 한 달여 동안 거의 하루도 빠지지 않고 남한산성과 벗했다. 영화 〈남한산성〉의 여파다. 그 후 자전거로 한 번, 등산으로 한 번 남한산성을 올랐다. 그리고 며칠 전엔 김훈의 소설『남한산성』을 다시 꺼내 읽었다.

"안주가 무너졌다는 장계는 청병이 안주를 떠난 지 사흘 만에 도착했다. 적들은 청천강을 건넜을 것이다. 바람이 몰아가는 눈보라에 말발굽이 일으키는 눈먼지를 포개며 적들은 다가오고 있었다."

소설 첫 페이지에 나오는 대목이다.

최명길 등 주화론자와 김상헌 등 척화론자 간 피 튀기는 듯한 대사는 긴장을 일으킨다. 이조판서 최명길의 어조는 차분했다.

"신들을 성 밖으로 내보내 말길을 트게 하소서."

예조판서 김상헌이 손바닥으로 마루를 내리쳤다. 김상헌의 목소리는 떨려 나왔다.

"화친은 곧 투항일 것이옵니다. 싸우고 지키지 않으면 화친할 길도 마침내 없을 것이옵니다."

그 시기, 어째서 조선은 임진왜란 정묘호란 병자호란 등 시련을 겪게 됐을까? 궁금증은 또 다른 독서로 이어지게 했다. 한명기 교수가 지은 『정묘, 병자호란과 동아시아』라는 책을 구입해 속독했다. 저자는 당시 조선의 지식인에게서 명나라에 대한 명분과 의리를 지켜야 한다는 총론은 있었으되, '무엇으로 어떻게 지킬 것인지?' 구체적인 각론은 뚜렷하지 않았다고 지적한다.

청나라는 병자호란이 발발하기 3년 전인 1633년에 이미 조선에 대한 정책의 방향성을 사실상 확정하며 조선을 '손안의 물건'으로 여기며 조선을 정복하기로 결론을 낸 사실을 청나라 실록에서 확인하고서 답답했다고 한다. 그리고 의문을 떠올렸다. '조선은

과연 어떻게 했어야 하는 것인가?'

이제 남은 일은 실록의 대목을 꼼꼼히 읽고, 47일간 남한산성 패전의 현장을 발로 밟아보고 몸으로 확인하는 일이다.

남한산성 라이딩에서 나는 대개 전철 산성역에서 내려서 남문으로 올라가거나, 혹은 자동차를 산성 주차장이나 불당리 주차장에 대놓고서 라이딩을 시작했다. 간혹 하남시 고골에서 북문까지 자전거를 끌고 올라가서 객산이나 검단산 쪽으로 본격 라이딩을 했다. 등산이든, 자전거 라이딩이든 들머리는 각자 거주지에 따라 선택하면 된다.

남한산성 코스는 실로 다양하다. 하니비, 하프서킷, 바람뱅크, 슈퍼 크런치, 빅맥, 폴 몬티 등 이상야릇한 이름의 길들이 다양하게 뻗어 있다. 그 길의 이름은 예전에 주한 미군들이 남한산성 MTB 라이딩을 처음 하면서 자기들 임의로 붙인 것 같다. 남한산성 자전거 코스는 구체적으로 다음과 같다.

불당리 코스

짜릿하지만 난이도가 가장 높은 다운 힐 코스다. 남문 성벽 옆길, 혹은 불당리 주차장에서 검단산을 올라간 다음 불당리로 내려오는 코스이다. 불당리 주차장에서 시작하는 라이더들은 대개 차량을 이용해 검단산 정상까지 올라와서 다운 힐 위주로 자전거를 타는데, 그것을 일명 '셔틀 라이딩'이라고도 한다. 이런 방식은 전문 다운 힐러들의 라이딩 유형이다. 다운 힐 자전거는 험한 내리막을 타기 편하도록 포크의 각도가

63~64도, 서스펜션의 트레블이 180밀리미터이상, 바퀴의 림이 넓고, 프레임의 튜브도 굵고 자전거가 무거워서 오르막은 젬병이지만 내리막에선 편안하게 과감하게 주행할 수 있다. (검단산–망덕산 사이 능선 길에서 불당리로 내려가는 코스, 돌정원, 수퍼크런치 등)

이배재 - 갈마치 코스

이배재를 지나고선 다시 갈마치 고개를 넘어서 고불산 쪽으로도 갈 수 있고, 전철 삼동역으로 내려갈 수도 있다. 이 길은 내리막 오르막이 여러 차례 반복되어 체력 소모가 심한 편이나 거리가 길어 나름대로 성취감이 있다. 도중에 몇 군데 낭떠러지가 있어서 조심하지 않으면 안 된다. (검단산 – 망덕산 – 이배재 – 갈마치)

하프서킷

산성주차장에서 포장된 도로를 따라 검단산으로 올라가서 망덕산– 두리봉– 오전리 능선을 타는데 이 코스를 지도에서 선으로 이어보면 반원, 즉 '하프서킷' 모양이라 명칭을 그렇게 붙인 것 같다. 하프서킷은 남한산성 코스 중 하니비 코스만큼이나 길다. 망덕산과 두리봉을 오르기 위해 끌바와 멜바를 해야 하지만 망덕산부터는 등산객이 거의 없어서 속도를 낼 수 있다. 오전리까지의 길고 긴 내리막이 매력적이다. (검단산 – 망덕산 – 두리봉 – 오전리)

군두레봉 코스

하프서킷의 연장코스다. 두리봉에서 오전리 쪽으로 가지 말고 남동쪽 방향의 계단으로 내려가면 편안한 등산로가 이어진다. 계단에서만 끌고 내려가면 단 한 번도 발을 땅에 딛지 않고 새오고개까지 길게 탈 수 있다. 새오고개부터 군두레봉 아래 샛길을 지나는 등산로는 대부분 끌고 가야 하지만, 이내 광주시 목현동까지 긴 내리막이라 지금까지의 고생을 보상해주고도 남는다. 목현동에서 다시 새오고개를 올라가서 오전리까지 가는 것도 방법이지만, 그냥 광주역까지 가서 전철로 귀가를 하는 것도 편하다. 이렇게 하여 광주역까지 가게 되면 출발지인 산성역에서부터 총 17킬로미터 거리로 남한산성 코스 중 제일 길다. (검단산 - 망덕산 - 두리봉 - 새오고개 - 군두레봉 남쪽 능선 - 목현동)

하니비 코스

북문에서 동쪽 성곽 옆으로 난 오솔길을 따라가다가 봉암성 암문을 빠져나가서 북동쪽 방향으로 길게 이어지는 능선이다. 능선 따라 쭉 타게 되면 객산(해발 292미터)을 지나 중부고속도로 만남의 광장 근처까지 10킬로미터에 이르는 긴 코스를 완성한다. 사미고개쯤에선 객산을 포기하고 하남시 고골 쪽으로 이탈하고픈 충동을 종종 느끼곤 하지만, 유혹을 잘 극복하고 객산으로 올라가면 코스가 3킬로미터 더 연장된다. 전망이 멋진 객산 정상에서 이어지는 신나는 다운 힐, 그리고 솔숲 사이의 환상적인 싱글을 타면 "역시 남한산성은 하니비가 최고야!"라는 말에 고개를 끄덕이게 된다. (북문 - 봉암성암문 - 가지울능선 - 바람재 - 막은데미 - 사미고개 - 객산 - 만남의 광장)

그 밖의 코스를 나열하면 다음과 같다.

실크 스네이크 : 남한산에서 하남시 상산곡동으로 떨어지는 긴 코스. 오르막 내리막이 반복되지만 산길이 호젓해서 좋다.

바람 뱅크 : 북문에서 하남시 고골로 내려가는 북향 능선의 짧은 코스. 주로 산성으로 올라갈 때 이 코스를 이용한다.

빅 맥 : 서문에서 정북 방향 능선을 따라 금암산으로 가는 긴 코스. (험한 편)

남한산성은 산체가 워낙 크고 능선이 다양해서 열거한 코스 외에도 더 있다. 그런데, 싱글 트레일은 길이 험해서 자전거를 타는 데 급급하다 보니 찍은 사진이 별로 없다. 그래서 얼마 전 '하프서킷~광주역' 코스를 타면서 앞으로는 무겁더라도 dslr을 배낭에 넣어 다니겠다고 다짐했다. 단, 무게를 타협하기 위해 렌즈는 가벼운 28밀리미터 f1.8 정도를 끼우는 게 좋겠다. 당장 겨울부터 내년 가을까지 4계절 동안 모든 코스를 섭렵해서 남한산성을 영상으로 담아보기로 했다.

영화에서 보면 벌봉에서 행궁 내부가 훤히 들여다보이던데 도대체 산성의 구조가 어떻게 생겼기에 그런 허점이 있었는지, 병자호란 후엔 산성에 대한 방책을 어떻게 보완했는지 정리하고 싶다. 그리고 치욕을 당한 남한산성이 오늘 우리에게 말하려는 행간의 의미까지 전달할 수 있다면 더욱 좋겠다. 이번 겨울의 눈과 추위가 걱정이지만, 도전해 보리라. 허벅지에 힘이 조금이라도 더 남아 있을 때. 시작이 반이다.

남한산성 라이딩 그 후

나는 남한산성에 대한 프롤로그를 써놓고 석촌호수로 달려갔다. 삼전도에서 인조가 청나라 홍타이지에게 삼궤구고두례(三跪九叩頭禮)로 굴욕당한 역사적 증거인 삼전도비는 오늘 우리에게 무엇을 말하고 있는가?

그리고 자전거로는 아직 가보지 않았던 마천동에서 성불사를 경유해 자전거를 끌며 서문으로 올라갔다. 행궁을 도착할 때는 해가 넘어가기 직전이었다. 저게 과연 임금

남한산성 서문(우익문). 1637년 1월 30일 인조가 청나라에게 항복할 때 이 문을 통과했다.

이 머물던 궁이었을까 싶을 정도로 초라한 행궁. 애초 버틸 수 없는 싸움이었지만, 백성이야 고초를 겪든 말든 성문을 굳게 잠근 채 스스로 성안에 갇히길 자청한 왕권. 결국 최악의 국면으로 자존심을 구긴 조선왕조. 열강 사이에 낀 오늘 우리가 처한 현실과 특별히 다를 것 같지 않다. 사료를 바탕으로 현재의 남한산성을 샅샅이 엮은 남한산성 종합판을 만들겠다는 계획은 그러나 난데없는 소식으로 어려움에 봉착했다.

남한산성 자전거 출입금지! 경기도가 2018년 8월 1일부터 남한산성 내 자전거 출입을 제한한다고 전격 발표한 것이다. 자연의 훼손과 탐방객 안전사고 예방을 위해서라는 게 그 이유였다. 법에 따라 자연공원의 보전과 보안을 위해 필요할 경우 제한할 수 있다는 법적 근거가 있다는 것이다.

객산은 가팔라서 올라갈 땐 고생스럽지만 이어지는 능선 길은 평평하고 아름답다.

이에 대해 자전거 동호인들은 청와대 홈페이지에 '자전거 출입제한 반대' 청원을 냈고, 순식간에 3천 명 이상의 동의를 얻었다. 등산객은 놔두고 자전거 동호인만 출입을 제한하는 것은 차별이고 헌법 위배라는 점이 반대 청원의 이유다. 그러나 대응은 '달걀로 바위 치기'였다.

자전거로 인해 등산로 훼손을 막기 위해서 자전거 출입을 제한한다는 이유라는 것은 이해할 수 없다. 물론 자전거에 의한 길 훼손 사실을 부인하는 것은 아니다. 그 훼손된 부분이 있다면 그 길은 복구를 하거나 아니면 안식년을 적용하고, 대체 등산로를 내서 자연치유되도록 기다리면 될 것 아닌가.

나의 남한산성 자전거 여행기가 한 권의 책이 되어 엮어질 그날이 올 수 있으면 좋겠다. 그리고 기왕이면 영어로 된 길의 명칭을 우리말로 순화하는 것도 좋겠다.

인조가 항복하기위해 행궁에서 삼전도까지 내려온 그 길을 거슬러 오르는 코스를 제1장에 싣고싶다.

* 자전거 다큐멘터리 남한산성

1장) 필연의 패전 : 삼전도비(송파) – 마천동 – 서문 – 행궁
2장) 항전의 이면 : 행궁 – 북문 – 동장대터 – 장경사 – 동문 – 남문 – 수어장대 – 서문 – 행궁
3장) 전승의 꿈 : 행궁 – 봉암성 암문 – 벌봉 – 바람재 – 사미고개 – 객산
4장) 희망의 길 : 남문 – 검단산 – 망덕산 – 이배재 – 갈마치 – 국수봉(광주시)

이제는 기억으로만 남은 남한산성 길. 그 길을 다시 갈 수 있는 그날이 온다면 정말 좋겠다!

* **추억의 남한산성 코스**

불당리 코스 : 검단산 – 망덕산 사이에서 불당리까지(돌정원, 수퍼크런치)
이배재 코스 : 망덕산 – 이배재 – 갈마치 고개 – 고불산/삼동역
하프서킷 : 망덕산 – 두리봉 – 오전리
군두레봉 코스 : 두리봉 – 새오고개 – 군두레봉 – 광주시 목현동
하니비 코스 : 북문 – 봉암성 암문 – 객산 – 중부고속도로 만남의 광장 근처
빅 맥 : 서문 – 금암산
실크 스네이크 : 남한산 – 하남시 상산곡동
바람 뱅크 : 북문 – 하남시 고골

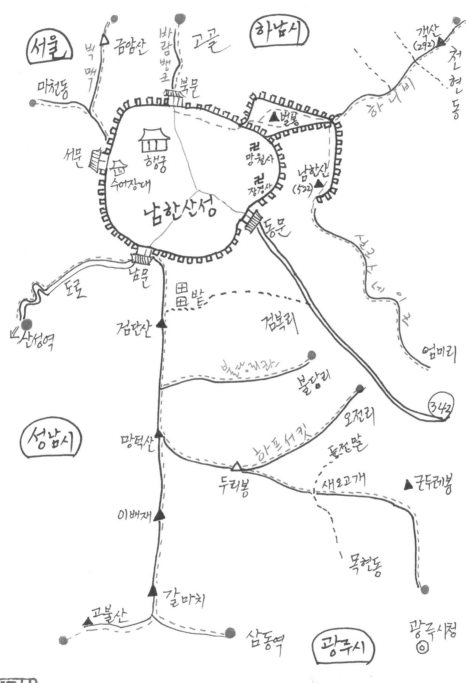

불곡산과 향수산

거룩한 충절을 따라가는 순례의 길

상촌 김자수(1351~1413)의 묘

　불문영. 분당 인근에 있는 불곡산, 문형산, 영장산을 줄여 부르는 산의 이름이다. 수도권 MTB 마니아들에겐 성지와 같은 곳. MTB에 입문하고 이 코스를 수십여 차례 탔던 거 같다.

　이곳 불곡산 자락엔 나의 19대조인 상촌(桑村)공 (휘 자수(自粹), 1351~1413)의 산소가 있다. 할아버지 산소는 자전거 코스 길목에 있는데도 참배 드리지 못해 늘 죄밑이 되었다.

　나에게 불문영 코스의 들머리는 언제나 서현역이다. 전철로 자전거 휴대가 편하지 않은 사람들은 대개 율동공원까지 자가용을 타고 온다. 그러나 서현역 옆에 있는 분당천을 거슬러 율동공원까지의 자전거 길은 조용하고 한가해서 좋다. 자전거 길로 워밍업 삼아 율동공원까지 오면 이어지는 태재고개 오르막은 한결 수월하다.

태재고개

태재고개는 성남시 분당동에서 용인시 오포읍 신현리를 넘는 고개다. 이 근처에 고려말 충신 상촌(桑村) 김자수(金自粹)의 묘(경기도 기념물 제98호)가 있다.

불문영 코스는 태재고개에서부터 본격 시작된다. 상태마을 입구에서 바로 불곡산으로 올라가는 길이 있지만, 등산객이 많아서 가급적 피한다. 불문영 코스가 워낙 긴데 굳이 그 길 하나쯤 빼먹어도 아쉬움이 없기 때문이다. 태재고개에서 도로를 따라 1킬로미터 가다 보면 '상촌 김자수 선생의 묘'라고 적힌 이정표가 있다. 그분이 누군지 아는 분은 별로 없을 테다. 사실, 상촌 김자수 선생은 여말선초의 사대부로서 나의 19대 조이다.

이정표에서 300여 미터 정도 올라가면 '상촌교'라는 작은 교량이 있다. 그 안에 상촌 할아버지 묘지가 있다. (그런데 현재는 무슨 이유에서인지 교량입구가 막혀있다.) 묘지 밑에는 커더란 신도비와 누운 비석이 있다. 그리고 비각 건물에 모셔진 순절비가 있고, 그 곁에 상촌 할아버지의 시비 하나가 있다. 이 모두가 곡절 많은 할아버지에 대한 역사적 증거이다.

상촌 할아버지는 고려말 목은 이색, 포은 정몽주의 문하에서 성리학을 공부했고, 벼슬이 충청도 관찰사, 형조판서에 이르렀다. 상촌공은 평소 왕에게 직언을 서슴지 않을 정도로 강직했고, 고려 사회의 부조리 척결에 앞장섰다고 한다. 마흔두 살 때 고려가 망하자 상촌공은 새 왕조에 끝까지 협력하지 않은 소위 두문동 72현 중 한 명이었다. 이성계는 상촌공에게 사헌부 대사헌 벼슬을 명했지만 응하지 않고 고향 안동에 내려가 버렸다.

회유는 이후에도 계속됐다. 태종은 할아버지께 형조판서 벼슬을 줄 테니 한양으로 올 것을 명했다. 고민 끝에 상촌공은 상경 길에 오르긴 했는데, 태재고개에서 스스로 숨을 거두었다. 그래서 산소가 이곳에 있다. 그런데 어찌해서 할아버지는 여기서 돌아가시게 됐을까? 이곳은 위치로 보아 안동에서 서울로 올라가는 방향이 아니다. 세상 일에는 다 이유가 있는 법. 할아버지가 이 길을 택한 이유는 따로 있다. 기록에는 포은 정몽주와 깊은 관련이 있다고 한다. 포은공은 상촌공보다 열네 살 위였다.

상촌과 포은

1413년 11월 14일, 그날을 재구성해본다. 태종의 명을 받고 고민에 빠진 할아버지는 안동을 떠나 서울을 향한다. 상촌공은 아들을 앞세우고 용인 모현 쪽으로 방향을 틀었다. 거기에 포은 선생의 무덤이 있기 때문이다. 선죽교에서 이성계에게 희생당한 뒤 이곳에 묻힌 포은 선배의 묘 앞에서 상촌공은 잠시 상념에 잠긴다. '살기 위해 새 왕조가 주는 벼슬을 받을 것인가, 아니면 깨끗하게 죽음의 길을 택할 것인가?' 그러나 상촌공은 출발 때부터 마음을 정해둔 상태다.

상촌은 포은의 묘 앞에 엎드려 마지막 인사를 한다. 그러곤 한양을 향해 걷는다. 도성이 보이는 태재고개에 올라 잠시 생각에 잠긴다. 생과 사 강요된 선택 앞에 결국 죽음의 길을 택한다.

平生忠孝意(평생충효의)

今日有誰知(금일유수지)

一死吾休恨(일사오휴한)

九原應有知(구원응유지)

평생토록 지킨 충효

오늘날 그 누가 알아주겠는가.

한 번의 죽음 무엇을 한하랴마는

하늘은 마땅히 알아줌이 있으리라.

자결 직전 남긴 상촌의 절명사다. 상촌공은 동행한 아들 근에게 "내가 이곳에 죽겠다. 죽은 뒤 비석을 세우지 말라." 이렇게 유언하고 몸에 지닌 극약으로 마침내 숨을 거두었다. 향년 63세였다.

김적 (1564~1646)

본관은 경주, 1609년 (광해군1) 사마생원시에 급제, 1613년 찰방 벼슬을 끝으로 충청도 서산으로 낙향하였다. 큰아들 홍익 (弘翼)은 병자호란 때 인조가 몽진한 남한산성으로 진군하다 전사하였고, 막내아들 홍욱 (弘郁) 또한 병자호란 때 남한산성에 몽진하였고, 1654년 황해도 관찰사 재임 중 소현세자 강빈의 억울함을 풀어줄 것을 상소해 격노한 효종에 의해 친국을 받던 중 장살되었다.

충절의 흔적은 지금 이곳에 오롯이 남아 있다. 누운 비석 하나가 눈길을 끈다. 비석이 눕게 된 데에는 사연이 있다. 묘비를 건립하지 말라는 유언대로 당초에는 비석이 없었다고 한다. 그 후 효종 때에 이르러 7세손 김적(1564~1646)의 제안으로 신도비를 세웠는데, 그것이 할아버지의 유언에 반하는 일이라며 논란이 일다가 결국 땅에 묻히게 되었다. 한참의 세월이 흐른 1926년, 신도비가 발굴되었다. 그러나 이번에도 상촌공의 유언을 거스를 수 없었다. 그래서 비석은 지금처럼 누워 있는 상태다.

누워 있는 상촌 김자수 신도비

상촌공의 묘는 신도비에서 50여 미터 위에 자리하고 있다. 600년 전 돌아가신 할아버지를 만나는 것으로 나의 라이딩은 의미 있게 시작됐다.

포은 선생을 만나러 가는 길

포은 선생의 무덤은 상촌 할아버지 무덤에서 직선거리로 3.5킬로미터 떨어져 있는데, 산길과 도로를 코스로 엮어 따라가면 흥미로운 여정이 된다. 그 코스를 이어가자면 일단 상촌교에서 출발해서 산으로 오르는 길을 따라 700여 미터 올라간 뒤, 등산로 삼거리에서 오른쪽으로 진행하면 된다. 여기서 왼쪽으로 내려가면 소위 '야호' 코스이고, 오른쪽 길은 소위 '타잔' 코스다. 야호 코스는 오르막이 짧고 내리막은 긴 다운 힐인데 광명초등학교 근처까지 3킬로미터를 '야호!' 하면서 신나게 달리는 코스다. 타잔 코스는 대지산과 숫돌봉을 지나 모현농협까지 긴 능선길인데, 오르락내리락 반복돼서 타잔 코스란 별칭이 붙었다.

타잔 능선을 내려와서 포은교를 지나면 정몽주의 묘 입구다. 포은공은 송악에서 피살당했는데 어떻게 여기에 무덤이 있을까? 1975년에 출간된 『내 고장 옛 이야기』는 포은 선생 묘지에 얽힌 유래를 잘 설명하고 있다. 포은 선생은 1392년 이방원에 의해 죽임을 당한 뒤 당초 시신이 풍덕군에 묻혀 있다가 세월이 흘러 1406년(태종 3년) 유족들이 묘를 고향인 영천으로 이장을 하려 했다.

운구 행렬이 이곳을 지나고 있던 중 바람이 크게 불어서 명정이 멀리로 날아가 버렸는데, 그때 지관은 명정이 날아간 자리 주위를 살피더니 "세상에 여기보다 더 훌륭한 명당은 없다."라며 이곳에 무덤을 쓰자고 했는데, 후손들은 그 지관의 말을 듣고서 바로 이곳(용인시 모현읍 능원리)에 묘를 썼다고 한다.

고려가 위기에 처하자 모든 신하들이 이성계 편에 서 있었음에도 포은 선생은 끝까지 버텼다. 이미 권력의 중심이 기울어진 상황에서 충절을 지키긴 쉽지 않을 것이다. 권력과 이익 앞에 굽신하는 건 비단 어제만의 일은 아니다. 원칙을 지킨 포은이 이성

포은 정몽주

포은 정몽주의 고향에 대해서 영천이라는 설과 포항이라는 설 두 가지가 있다. 이에 대해 영천, 포항 간 논쟁이 있다.

용인시 모현읍 능원리에 있는 포은 정몽주 선생의 묘

계 정권 세력에겐 큰 부담이었을 것이다. 그래서 조선은 나중에 포은에게 영의정 직책을 추증하고 그 관직명을 새긴 비석을 세워줬다고 하는데, 자손들은 그건 예의가 아니라며 고려 때 벼슬 명대로 '고려수문하시중 정몽주지묘(高麗守門下侍中 鄭夢周之墓)' 이렇게 쓴 묘비를 세웠다고 한다.

백로가
정몽주의 어머니가 지었다는 시조. "까마귀 싸우는 골짜기에 백로야 가지 마라/ 성낸 까마귀가 흰 빛을 샘낼까 염려스럽구나/ 맑은 물에 기껏 씻은 몸을 더럽힐까 하노라." 그러나 청구영언에는 작자미상으로 되어 있고, 연산군 때의 가객(歌客) 김정구(金鼎九)의 작품이라는 이설도 있다.

묘소에는 포은이 지은 단심가와 그의 어머니가 지었다는 백로가 시비가 있다. 임 향한 일편단심 죽음으로 실천한 포은의 충절은 "청강에 씻은 백로의 몸이 더럽혀지지 않도록 까마귀 싸우는 골에는 가지 말라."던 어머니의 가르침에서 비롯된 것은 아니었을까.

포은 선생의 깊은 뜻을 가슴에 담고 자전거는 향수산을 향해 달린다. 등잔 박물관 앞을 지나 터널을 통과해서 우회전하면 향수산 임도가 있다. 임도를 800여 미터 타고 가다 오른쪽 등산로를 따라 올라가면 향수산 정상으로 이어진다. 1킬로미터 정도 자전거를 끌고 오르면 정상까지 조금 탈 만한 길이 나온다.

향수산은 해발 457미터로 능선이 동서로 이어져 있다. 전에 나는 향린동산 쪽에서 향수산 정상으로 한 번 라이딩을 한 적이 있지만, 이렇게 반대로 타긴 처음이다. 정상에서 볼 때 거리는 지금까지 온 이쪽 능선이나 향린동산 쪽 능선이나 거의 비슷하다. 어느 쪽으로 가든 내리막엔 발을 거의 한 번도 안 닿아도 될 정도로 신나는 다운 힐이다.

오늘 지나온 코스는 라이딩 자체로 보면 그다지 매력적이지 않을 수 있지만 나에겐 그렇지 않다. 직계 조상 상촌 할아버지를 만났고, 그 할아버지가 그토록 흠모했던 스승을 만나고 왔으니 이렇게 좋은 근교 라이딩 코스가 어디 또 있을까.

내려오면서 가만히 이런 생각이 들었다. 나와 형님, 아버지, 그리고 할아버지의 고집 세고, 대쪽 같은 성격이 모두 상촌 할아버지를 닮아서 그런 건 아닐까?

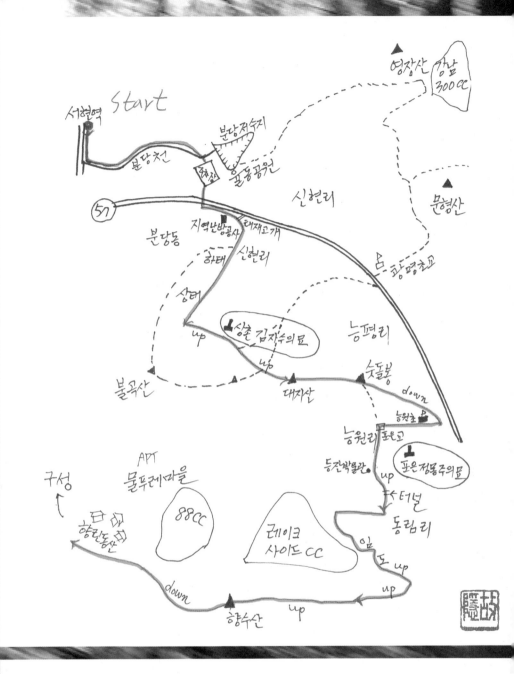

* **불곡산 향수산** (단위 km)

서현역 – 4 – 율동공원 주차장 – 2 – 태재 고개(신현리) – 1.5 – 상촌 김자수의 묘 – (대지산, 숫돌 봉) – 5 –
능원리 – 1 – 포은 정몽주의 묘 – 5 – 향수산 – 4 – 향린동산 입구 – 6 – 구성역

천일각

강진 다산유배길

보드레한 에메랄드 얇게 흐르는 실비단 하늘의 봄날

굴동마을에서 다산초당으로 올라가는 산길에는 소나무 뿌리가 땅으로 돌출돼 답사객의 발길에 밟힌다. 땅속에 있어야 할 뿌리는 밖으로 나와 상처투성이다. 뿌리가 드러난 이 길을 무심코 밟고 다산초당으로 오르던 정호승 시인은 「뿌리의 길」이라는 제목으로 이렇게 시를 썼다.

…

나뭇잎이 떨어져 뿌리로 가서

다시 잎으로 되돌아오는 동안

다산이 초당에 홀로 앉아

모든 길의 뿌리가 된다는 것을

...

산을 움켜쥐고

지상의 뿌리가 가야 할

길이 되어 눕는다

지상에 노출된 뿌리는 오로지 자신의 나무를 위해 묵묵히 세월을 견뎌왔다. 그것은 18년간 억울한 유배생활을 하면서도 사회개혁의 신념을 잃지 않고 세월을 견뎌왔던 다산의 삶과 닮아 있다.

뿌리의 길

이번 자전거 여행은 남도답사 1번지에서도 답사객들이 가장 즐겨 찾는 다산 정약용 (1762-1836)의 강진 유배길이다. 2월에 꽃망울을 맺기 시작하는 동백꽃이 절정을 이루는 3월 중순, 해남에서 점심을 먹고 출발한 자전거는 오후 4시가 다 돼서야 다산초당 입구의 굴동마을에 도착했다. 다산초당과 백련사를 답사하고 강진읍까지 가려면 시간이 빠듯한 시각이다. 자전거를 맡길 데가 마땅하지 않아 하는 수 없이 끌고서 다산초당까지 가려니 산길이 녹록치 않다.

숲이 빽빽해진 사이로 용케도 틈새를 찾은 햇살이 비집고 들어와 숲속은 묘한 명암의 대비를 이룬다. 아래에서부터 10여 분 이상 오르자 집 한 채가 보인다. 다산초당이다. 이곳에서 다산은 10년을 머물렀다.

　정약용은 1801년 2월, 작은 형 정약종이 천주교에 연루돼 사형을 당한 신유사옥 때 장기(지금의 포항)로 유배를 떠났다. 그해 10월에 황사영 백서사건이 터져서 그는 또 다시 서울로 압송됐다. 국문을 당한 뒤 이번에는 전라도 강진으로 유배를 가게 됐다. 이 사건으로 둘째 형 정약전도 흑산도로 유배를 갔다.

　다산초당은 다산이 강진으로 유배 와서 자리를 잡게 된 네 번째 거처다. 원래 초당은 다산의 먼 외갓집안인 윤 씨들의 산정(山亭)이었다고 하는데, 다산이 거처의 편의를 받게 됐다고 한다. 그는 여기서 18명의 제자를 가르쳤고, 500여 권의 책을 집필했다. 초당에는 서암과 동암 두 건물이 있었다고 하는데, 서암에는 제자들이 모여서 공부를 했고, 동암에는 다산이 집필 활동을 하며 기거했다고 한다.

다산은 이곳을 내 집처럼 꾸몄다고 한다. 초당 마당 옆에 조성한 연못에 잉어를 넣어 키우고, 뜰에는 꽃을 심고, 집 앞 경사진 곳에 밭을 개간해 채소를 심었다고 한다. 이곳을 선비의 이상향으로 가꾸며 유배가 끝날 때까지 그는 목민심서 48권, 흠흠심서 30권 등 수백여 권의 책을 집필했다.

초당 옆, 지금의 천일각이라는 정자가 있는 곳에 올라가 다산은 바다를 바라보며 흑산도에 유배 중인 형을 그리워했을 것이다. 그러나 둘째 형과 어린 아들이 세상을 떴다는 부음도 이 자리에서 들었으니 그 참담한 심정을 어찌 다 말할 수 있을까.

부패한 세상에 대한 억울함이 사무쳤을 법도 하지만 다산은 오로지 세상을 바로 잡으려는 일념으로 저술 활동에 몰두했다. 이때 백련사의 혜장선사와 만남은 다산에게 소중한 인연이다. 백련사는 다산초당에서 1킬로미터 남짓한 거리다. 백련사 가는 오솔길 입구에 강진군에서 세운 푯말에 적힌 글귀가 눈길을 끈다.

"찌뿌듯한 하늘이 맑게 갠 어느 봄날, 냉이 밭에 하얀 나비가 팔랑거리자 다산은 자기도 모르게 초당 뒤편 나무꾼이 다니는 길로 발걸음을 옮겼다. 보리밭을 지나며 그는 탄식했다. 나도 늙었구나, 봄이 되었다고 이렇게 적적하고 친구가 그립다니, 백련사에 혜장선사를 찾아가는 길이었다."

혜장은 대둔사 출신의 뛰어난 학승이었다. 다산보다 10년 연하인 혜장은 다산의 학문적 경지에 감탄하며 배움을 청했고, 다산 역시 혜장의 학식에 감탄하며 두 사람은 수시로 만나 차를 즐기며 학문을 토론했다. 혜장은 비 내리는 깊은 밤에도 문득 찾아오곤 해서 다산은 밤 깊도록 문을 열어두었다고 한다.

친구를 맞이하는 이의 설렘, 그리고 친구를 찾아가는 길의 설렘은 어땠을까. 야트막한 오르막을 이루는 백련사 가는 오솔길로 천천히 자전거를 끌었다. 이런 길엔 두 발로 걷는 것이 제격이지만 자전거를 휴대해야 하니 불편함은 감수해야 한다.

늦은 시각이라 그런지 오솔길에는 단 한 명의 사람도 보이지 않는다. 백련사 가는 도중에 오른쪽으로 조금 비켜난 곳에 새로 만든 전망대가 있다. 다산초당 옆 천일각보다 바다 조망이 더 좋다. 다시 돌아 나오는데 나무 사이로 백련사가 고즈넉한 모습으로 시야에 잡힌다. 계단을 따라 내려간 사찰에는 스님도, 신도도 아무도 보이지 않는다. 이미 해가 거의 저무는 중이다.

백련사에서 바라다 보이는 강진만 바다도 멋지고, 절에서 내려와 산책하는 도중 마주한 동백숲 터널도 인상적이다. 그런데 길 한복판에 어느 누가 동백꽃잎을 모아 연분

백련사

홍 하트를 만들어놓았다. 꽃잎이 가지런한 모양 그대로 있는 것으로 보아 얼마 지나지 않은 시각에 만들어졌던 것 같다. 남도에서 봄 여행은 바로 지금이 절정이라는 사실을 깨닫게 된 순간이다. 해는 이미 만덕산을 넘어갔다. 강진만을 따라 조성된 자전거 길로 강진읍내로 갔다. 당일 여행에 비해 1박 2일은 여행자의 마음을 편안하게 한다.

다산의 강진 유배는 1801년 11월 24일경 시작되었다. 한양에서 귀양길을 오를 때 그의 형 정약전도 함께 있었다. 두 형제는 나주 반남까지 동행했다. 다산은 형님과 이별을 앞둔 이른 새벽 「율정별(栗亭別)」이라는 시에서 섭섭한 마음을 이렇게 토로했다.

"샛별을 바라보니 해가 뜨면 헤어질 일에 목이 메어 오열했다"

사의제

이 시를 쓴 날이 11월 22일이라고 하니, 다산이 월출산 누릿재(황치)를 넘어 강진에 도착하려면 이틀이 걸렸을 테니 아마 11월 24일쯤 강진읍에 도착했을 것 같다. 반남에서 강진까지는 약 50킬로미터 거리다. 강진읍에 도착한 정약용에게 어느 누구 하나 반겨주기는커녕 심지어 말을 걸어오는 이도 없었다고 한다. 강진에서 그는 '불가촉'과 같은 존재였을 것이다. 그 상황을 가장 잘 이해할 수 있는 다산의 시를 옮겨보자.

酗詈千夫裏	술 취해 정신없는 사람들 속에
端然一士莊	몸가짐 단정한 선비 있으니
千夫萬手指	사람들 그에게 손가락질하며
謂此一夫狂	이 사람이 미친 자라며 쑤군댄다네.

− 「수심에 그보다 (憂來 十二章)」, 『다산시선』, 송재소 역주, 1983, 창작과 비평.

그에게 호의를 베푼 이가 딱 한 사람이 있었다. 동문 밖 어느 주막집 나이든 여주인이 다산에게 골방 한 칸을 내주었던 것이다. 여기에 거처를 정한 다산은 주인의 요청으로 이 지역 아전들의 자제들을 대상으로 공부를 가르쳤다고 한다. 그리고 다산은 스스로의 처지를 인정하고 슬기롭게 삶의 자세를 터득해간다. 다산은 자신이 거처하는 방 이름을 사의재라고 이름을 붙였다고 한다. 사의(四宜)란 '생각은 맑게, 용모는 엄숙하게, 언어는 과묵하게, 그리고 동작은 후중하게'라는 뜻인데, 학자로서 마땅히 지켜야 할 4가지 덕목이다. 고난을 겪고 난 뒤 깨달은 삶의 자세다.

한편 다산에게는 자신의 가르침을 가장 잘 이해하고 실천하는 황상이라는 제자가 있었다. 그는 스승이 강진을 떠난 후 천태산 자락에서 일속산방이라는 집을 짓고 58세까지 학문을 하며 농부로서 삶을 살았다고 한다. 당대 최고의 지성인 다산을 접하게 된 강진 사람들에겐 뜻하지 않은 행운이었다. 오늘날도 강진에 뛰어난 문사들이 배출된 건 이런 이유도 있지 않을까.

사의재에서 얼마 떨어지지 않은 곳에 있는 김영랑 시인의 생가도 빠질 수 없는 답사처다. 시문학파 김영랑(1903~ 1950 본명 김윤식)은 강진이 배출한 시인이다. 시인의 생가에는 「모란이 피기까지는」, 「내 마음 고요히 고운 봄길 위에」 등 익숙한 시들을 새겨둔 시비가 탐방객을 맞이하고 있다. 답사객의 가슴에도 살포시 봄을 입힌다.

김영랑 시인의 초상화

'보드레한 에메랄드 얇게 흐르는 실비단 하늘과 같은 봄날', 그런 봄길 위로 자전거는 월출산 자락으로 향한다. 읍내에서 솔치재를 지나서 왼쪽 송학리로 가다가 다시 송학저수지로 향하면 또 하나 인상적인 오솔길을 만난다. 이 길은 정약용 남도유배길 3코스다. 저수지 옆을 지나서 아주 작은 개울 하나를 건너뛰면 야트막한 산으로 올라가는 길이 있다. 등산객이 달아놓은 리본이 있어서 길 찾기는 그다지 어렵지 않다.

능선을 따라 내려가다가 왼쪽으로 꺾으면 대숲 사이로 오솔길이 있다. 짧지만 아주 짜릿한 라이딩을 하며 신명난 가슴으로 마을을 만나면 '금당백련지'라는 연못과 백련당이라는 정자가 있다. 백련지는 동, 남, 북쪽이 산으로 둘러싸여 아늑한 마을 한 가운데 자리 잡고 있는데 400여 년 전 원주 이씨가 입향해 조성한 것이다.

금당백련지

전라남도 강진군 성전면 금당리에 자리하고 있는 금당백련지는 400여 년 전에 이 마을을 개척한 원주 이씨가 조성한 것으로 2개의 섬에 정자가 하나가 있다.

이런 아름다운 명소가 있어 자전거 여행은 즐겁다. 이름난 명소는 여행자에게 휴식과 사색의 기회를 주고, 또 소소한 지식도 주니 유익하다.

우여곡절 끝에 성전면 소재지를 지나고 이어 나지막한 산을 넘고 남해고속도로 하부 통로를 지나 대월리 고개를 넘어 월하리에 이르면 월출산의 우뚝한 봉우리들이 보인다. 월하마을회관에서 700미터쯤 가서 우측 길을 따라 들어가면 비밀의 정원이 하나 있다. 동백꽃이 터널을 이루고 있는 오솔길의 동백꽃잎을 밟고 지나가면 뜻밖에도 아름다운 풍경 하나가 눈에 들어온다. 이곳은 조선 중기의 처사 이담로(1627~?)가 지은 백운동 원림이다.

월출산 옥판봉 아래에 자리한 이곳은 월출산에서 내려온 작은 계류가 흐르고, 그 곁에 둘러쳐진 담장 사이의 대문을 열고 들어가면 몇 채의 건물과 아름답게 조성한 정원이 있다. 이 원림은 오랫동안 방치돼 있었는데 강진군에서 최근 복원 공사를 했다. 복원이 가능했던 건 원림의 옛 모습이 그려진 그림 한 점 덕분이다.

1812년 가을, 다산은 제자들과 함께 이곳 백운동 원림을 방문해 하룻밤을 묵었다. 그때가 두 번째 방문이다. 다산은 제자 초의(1786-1866)에게 부탁하여 이곳의 그림을 그리게 하고 그 그림에 백운동 12경을 포함한 시 13수를 지어 붙였다. 이것이 백운첩이다.

다산이 노래한 백운동 12경은 월출산 옥판봉, 백운동 입구의 동백나무숲 소로, 원림 입구 다리 아래로 폭포처럼 떨어지는 계류, 100그루의 매화나무가 심어진 공간, 마당을 돌아 흐르는 아홉 굽이의 유상곡수, 사랑채인 취미선방의 세 칸 초가, 그 초가 입구 계단에 심은 모란 등 열두 가지 풍경이다. 그림은 부감의 시선으로 전체 화면을 잡은

백운동 원림 (국가지정 문화재 명승 제 115호)

것인데, 전체적으로 큰 왜곡 없이 백운동 전경을 잘 포착해냈고, 오늘날 백운동 별서
정원 복원의 기준점을 마련해준다.

– 『강진 백운동 별서정원』, 82쪽, 정민, 2015, 글항아리 출판사.

　다산이 이런 기획을 하지 않았다면 어쩌면 백운동 원림은 그 원형 복원을 정확히 할
수 없을 뻔했다. 다산의 탁월한 식견에 놀라지 않을 수 없다. 시 한 수, 그림 한 첩의
소중함을 다산은 일깨워준다.

　눈과 귀, 입 등 오감을 자극하는 월출산 자락 남도답사의 즐거움은 그 끝이 없다. 백
운동 원림 뒤로 나 있는 오솔길을 오르면 뜻하지 않은 풍경의 아름다움에 놀란다.

오솔길이 끝나는 곳에서 월출산이 떡하니 자태를 펼쳐 보이는 것이다. 드넓은 강진 다원의 차밭은 월출산의 전경(前景)을 이루며 풍경의 아름다움을 완성한다. 남도답사 1번지 중 이곳 월출산 자락 다산 유배길을 최고로 치는 이유는 바로 이 풍경 때문일 것이다.

월남사를 지나 비스듬히 서쪽으로 난 마을길을 따라 한옥마을을 지나면 오늘 여행지의 종점인 누릿재(누리령)다. 1801년 11월 23일 경, 다산이 강진 유배를 올 때 넘던 월출산 고개다. 누릿재를 넘어 강진에서 유배생활 도중 이곳에 와서 쳐다보는 월출산의 풍경에 다산은 고향 인근의 도봉산을 떠올리며 눈시울을 붉혔을 것이다.

누리령 고개 위에 우뚝한 바위들이

나그네 뿌린 눈물에 언제나 젖어 있네

월남 땅 향하여 월출산 보지 말자

봉마다 도봉처럼 뾰족하기 그지없네

– 「탐진촌요(耽津村謠)」, 『다산시선』, 송재소 역주, 1983, 창작과 비평.

월출산을 바라보면 도봉산이 연상되어 서울 생각이 나니 월출산을 쳐다보지 말자던 그 월출산을 다산은 귀양이 풀린 1818년 8월, 이 월출산 고개를 넘어 고향인 마재로 돌아간다. 누릿재는 비교적 완만한 고개다. 왼쪽으로 바위산을 바라보며 넘는 월출산은 이번 자전거 여행의 풍경 중 단연 압권이다. 그의 저작물 중에 가히 압권이라고 할 48권의 목민심서를 가슴에 안고서 이 월출산을 넘어 한양으로 올라가는 다산의 심경은 어떠했을까? 서울로 오는 내내 마음이 묵직하다. 다산이 남긴 위대한 지성의 압권에, 그리고 역설적으로 유배길 곳곳의 아름다운 풍경에,

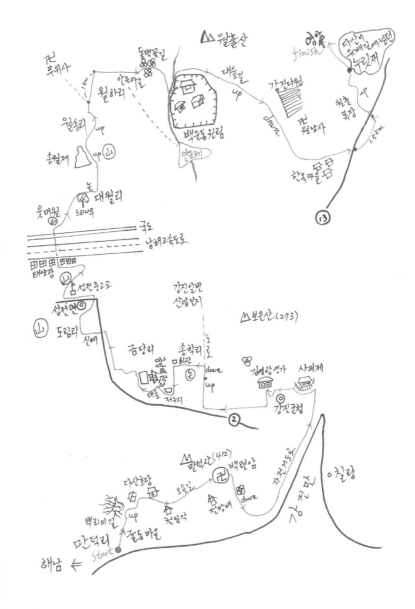

* **강진 다산유배길** (단위 km)

만덕리(귤동마을) – 1.5 – 다산초당 – 1.2 – 백련사 – 10 – 사의재(강진읍) – 0.7 – 김영랑 생가 – 6.5 – 송학리 – 2 – 금당 백련지 – 5.5 – 성전면 – (대월리, 월송리, 월하리 안은마을) – 9 – 백운동 원림 – 1.5 – 월남사 – 4.5 – 누릿재 – 5.5 – 영암군

세 번째 자전거 여행

빛을 찾아가는 길

영양 일월산 외씨버선길 - 광주 · 담양 무등산 - 충남 가야산 -
괴산 달천 - 봉화 - 춘천 실레 이야기길 - 고창 고인돌 질마재길

외씨버선길(차유의 길)

영양 일월산 외씨버선길

나의 노래는 슬픔을 걷어가는 바람이 되리라

　버스가 봉화군 춘양을 지나 임기에 접어들자 큰 강이 나타났다. 낙동강의 상류다. 산협의 단풍은 강물에 어리고, 가을은 이 산골까지 깊숙이 들어온 것 같다. 그러나 강은 얼마 지나지 않아 시야를 비껴가고 큰 산이 앞을 가로막는다. 왼쪽은 해발 1,135미터 장군봉, 오른쪽은 해발 1,219미터 일월산이다. 터널을 빠져 나오니 일월산의 산체가 더 가까이로 다가온다. 꼬불꼬불한 내리막길 옆에 빨갛게 물든 단풍나무의 환상적인 색감에 버스에 탄 사람들은 '와' 하고 탄성을 지른다.

　영양군은 인근 봉화, 청송과 더불어 영남의 대표적인 두메산골이다. 두메산골 영양은 걸출한 문인을 배출했다. 청록파 시인 조지훈, 우리나라 최초의 시 전문잡지인 〈시원〉을 창간한 시인 오일도, 소설가 이문열, 그리고 전설의 소설가라는 별명이 붙은 강

준용 등 수많은 문인이 이 고장 출신이다. 이를 반영하듯 영양군은 '문향의 고장'으로도 불린다. 이곳은 청송에서 시작해 영월을 잇는 240킬로미터 둘레길인 외씨버선길이 지나는 길목이다. 외씨버선길은 청송의 김주영 문학관을 지나 영양에서 이문열, 오일도, 조지훈의 고향을 잇고 다시 일월산 치유의 길을 지나 봉화, 영월로 이어진다.

외씨버선길이라는 이름은 영양 출신의 시인 조지훈의 시 「승무」에서 "사뿐히 접어올린 외씨버선이여"에 나오는 시어 '외씨버선'을 차용해 지었다고 한다. 외씨버선은 오이씨(외씨)처럼 볼이 좁고 갸름한 버선이다. 이 길을 연결한 모양이 외씨버선을 닮은 것인지는 모르겠다. 외씨버선길은 총 13개 구간으로 되어 있는데 영양 쪽 외씨버선길이 접근성이 가장 떨어진다. 영양에는 철도도 고속도로도 심지어 4차선 국도도 하나 없다. 서울에서 오가는 시외버스도 고작 하루 2번뿐이다.

치유의 길에서 조지훈 시인의 마을까지 60킬로미터 여정

이번 자전거 여행에선 일월산을 넘는 외씨버선길 제7구간인 치유의 길을 지나고, 다시 길게 우회해서 조지훈 시인의 고향인 주실마을을 방문하기로 계획했다. 거리는 대략 60킬로미터 정도다.

라이딩은 버스가 일행을 내려준 용화리 대티마을에서 시작된다. 이곳은 일제강점기 제련소 터가 있다. 이곳에는 일월산에서 캐온 금, 은, 동, 아연 등을 선광하고 제련하던 곳인데, 해방 이후에도 소규모로 명맥을 잇다가 1970년대에 폐광됐다고 한다. 그후 오랫동안 방치돼 있다가 2001년 군청에서 오염토를 밀봉하고 그 자리에 쑥부쟁이, 동자꽃, 범부채, 금낭화 등을 심어 자생화 공원으로 조성했다.

1970년대에 중단된 일월산 제련소. 그 주변으로 자생화 공원이 조성되어 있다

일월산 숲길 따라 오르는 치유의 길

자생화공원에서 대티 마을 방향으로 2킬로미터 직진하면 원두막 옆으로 난 비포장 길이 있다. 이 길은 예전에 광물이나 벌채한 소나무를 실어 나르던 국도였다고 한다. 폐광 이후 50년 가까이 방치되면서 숲이 우거져 길을 덮고 있다. 이 숲길은 2009년 아름다운 숲 전국대회 공모전에 '치유의 길'이라는 이름으로 출품해 장려상을 받았다.

숲길은 오를수록 분위기가 점차 예사롭지 않다. 쭉쭉 벋은 소나무 사이로 군락을 이룬 생강나무가 잎을 샛노랗게 물들이며 황홀한 색감을 연출한다. 바닥에도 온통 생강나무 낙엽으로 노란색 세상이다. 이런 환상적인 분위기는 4킬로미터에 이르는 숲길 내내 이어진다. 라이더들은 오르막인데도 만면에 미소 가득하다. 칠밭목이란 곳에서 길은 일월산 정상 방향과 남회룡 방향으로 나눠진다. 우리는 오른쪽으로 남회룡까지 10여킬로미터의 긴 내리막길을 타게 된다. 낙엽송 사이로 난 길을 따라 쭉 내려가니 오전에 지났던 영양터널이 나왔다.

이제 치유의 길은 여기서 끝난다. 이제 외씨버선길은 봉화군과 영양군 경계 사이로 이어진다. 이 길은 페달을 밟지 않아도 그냥 내려갈 정도의 내리막이다. 곧게 뻗은 낙엽송 군락지는 끝이 없다.

이런 숲길에선 빨리 달릴수록 손해다. 오래 머물러야 숲의 치유 효과를 볼 수 있기 때문이다. 숲에선 "오래 머물러 있으면 암도 고친다."라는 말도 있지 않은가. 그것의 과학적 증명은 어렵다 하더라도 숲이 암 예방에 효과가 있다는 점은 의사들도 인정한다. 산악자전거를 오래 탄 사람이라면 내남없이 산림 치유의 효험을 경험했을 것이다. 사실 나는 몇 년째 여러 가지 일로 우울했다. 그 우울증이 깊게 도지지 않은 것은 전적으로 자전거 덕분이라고 나는 생각한다. 우울하다가도 숲에만 들어가면 나도 모르게 표정이 밝아진다. 그건 라이딩 할 때 사진 찍힌 내 얼굴 표정이 입증한다. 내 의지와 무관하게 분출되는 행복의 호르몬 덕택인가? 편안하고, 너그러워진 마음은 분명 라이딩이 내게 주는 특별한 선물이다.

낙엽송 숲길은 남회룡까지 계속 이어진다. 주변은 밭과 촌락도 있지만 대부분이 숲이다. 아무리 아름다운 경치도 오랫동안 스치면 피로가 생기는 법. 몸이 피로를 느낄 때쯤 남회룡 모래밭 마을에 도착했다. 우리가 가야 할 방향은 남회룡 삼거리에서 오른쪽 도로 쪽이다. 모처럼 오르막길이지만 잠깐만 페달을 밟으면 잿마루에 도착한다.

일월산 외씨버선길

고개는 낙동정맥의 마루금이다. 고개를 내려가면 영양군 수비면 신암리. 영양에서도 가장 깊은 오지다.

신암 고개에서 14킬로미터를 달려 왕피천 상류지역인 수하리에 도착했다. 우리가 지나온 신암리와 이곳 수하리 일대는 반딧불이 보호구역이자 국제 밤하늘 보호공원으로 지정돼 있다고 한다. 이곳 일대가 인공광원이 별로 없는 까닭에 밤하늘 별빛이 가장 밝게 빛난다고 하는데 2015년 국제밤하늘협회(IDA)는 이 일대를 아시아 최초로 국제 밤하늘 보호공원으로 지정했다.

수하리에서 12킬로미터를 달려 수비면 소재지에 도착했다. 이제 주실 마을까지는 20킬로미터 거리이다. 다행히 수비면 소재지를 지나면 주실 마을 근처까지 15킬로미터는 반변천을 따라 내려가는 완만한 내리막길이다. 주실 마을은 일월면 소재지에서 3킬로미터 거리다.

조지훈 시인의 고향, 주실 마을을 찾아서

주실 마을 입구에는 아름다운 숲이 드넓게 자리 잡고 있다. 낙엽이 깔린 숲 한복판에 조지훈 시인의 시비가 있다. 「빛을 찾아가는 길」이라는 제목의 시가 새겨져 있다.

사슴이랑 이리 함께 산길을 가며

바위틈에 어리우는 물을 마시면

살아있는 즐거움의 저 언덕에서

아련히 풀피리도 들려오누나

시인 조지훈

...

돌부리 가시밭에 다친 발길이

아물어 꽃잎에 스치는 날은

푸나무에 열리는 과일을 따며

춤과 노래도 가꾸어 보자

빛을 찾아가는 길의 나의 노래는

슬픈 구름 걷어가는 바람이 되리라

　싸움과 설움, 고행 슬픔의 구름을 걷고 언덕 너머 어딘가에 있을 저 희망과 진리, 빛의 세계를 찾아가려는 소망을 노래한 시다. 그 의도는 정확히 알 수 없지만, 시는 아름다운 숲 속을 찾는 문화탐방객의 마음을 정화하며 여행으로 지친 심신을 위로해준다.

도곡리 마을 숲

길 건너 숲에는 또 하나의 시비가 서 있다. 지훈 시인의 형님인 조동진의 시비다. 지훈의 고모인 조애영 여사도 시조시인이라고 하니 주실은 분명 문향의 고장이다. 이외에도 주실 마을은 수많은 인재를 배출했다. 박사만도 40명이 넘는다고 할 정도다. 조 조봉기(미국 메릴랜드주립대), 고 조동걸(국민대), 고 조운해(강북삼성병원), 고 조대봉(영남대), 고 조형석(카이스트), 조동일(서울대), 조동원(성균관대), 조동택(경북대), 조동성(인하대), 조동운(대구대), 조진기(경남대), 조석환(평택대), 조석팔(성결대) 조균석(이화여대) 등 수많은 교수, 박사들이 이 마을 출신이다.

300여 년 역사를 지켜온 주실 사람들은 또 하나의 자랑이 있다. 삼불차(三不借) 즉, '재물, 사람, 문장은 남에게 빌리지 않는다'는 것. 다른 사람에게서 재물을 빌리지 말고, 자식이 없다고 남의 아들을 빌리지 말고, 남에게 글도 빌리지 말라는 선대로부터 이어온 정신이라고 한다. 지조 있는 선비의 덕목이다.

지훈 문학관과 지훈 생가 등 고택이 즐비한 마을을 한 바퀴도 채 돌지도 못했는데 해가 넘어가고 있다. 이른 새벽부터 빠듯한 일정으로 몸은 피곤해도 시의 감성을 한가득 채웠으니 마음이 살 찐듯하다. 먼 훗날 내 마음이 허허로워질 때 추억으로 숙성될 오늘의 기억을 꺼내보자. 그런 이유로 우리는 여행을 떠난다. 행복한 기억은 마르지 않는 저수지의 물처럼 언제나 내 곁에 남아 가련한 내 삶을 살찌울 것이다.

갈 길이 먼 일행 모두가 서둘러 서울로 떠난 뒤, 나에게는 다른 여정이 있다. 주실마을에서 5킬로미터 거리에 있는 나의 고향 집을 향하는 길이다. 금마래골을 지나, 아름다운 가곡의 문양마을, 앞마을, 뒷마을에 이어 송장바위 돌아서 도곡리 입구에 들어서면 한 일(一)자 모양을 한 일월산 일자봉이 넓은 가슴으로 나를 반긴다.

어디에 머물러 있든 언제나 내 마음 속에 존재하는 내 고향 도곡리 구도실. 동구 밖마을 숲에 다다르니 이제야 마음이 놓인다. 고향에 다 왔다!

치유의 길 (일월산)

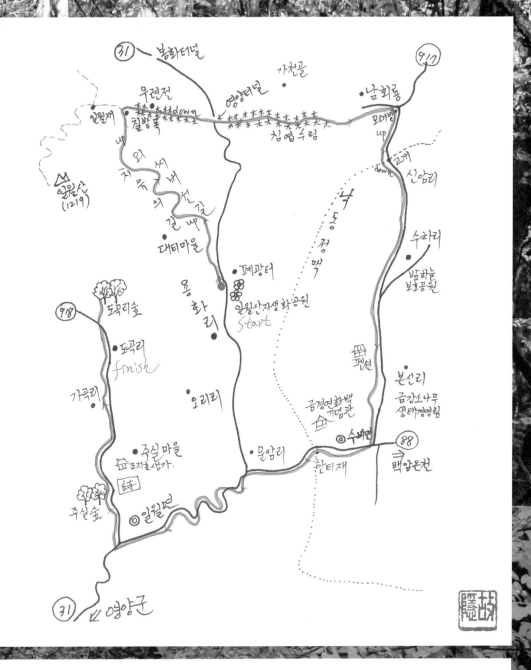

* **일월산 자락 외씨버선길** (단위 km)

일월산 자생화 공원(폐광터) – (치유의 길) – 7 – 칠발목 – 10 – 남회룡 모래밭 – 10 – 신암리 – 14 – 수하리 – 12 – 수비면 – 14 – 일월면 – 3 – 주실마을(주곡리) – 5 – 도곡리숲

무등산

광주 · 담양 무등산

옛 선비들의 별서정원에서 문향에 취하다

여행은 행선지가 어디든 늘 설렌다. 여행은 기다림만으로도 행복이다. 그러나 여행 이후엔 상황이 다르다. 실망한 곳도 있고, 아쉬워서 다시 가고픈 곳도 있다. 이번에 다녀온 광주와 담양 일대 무등산 자락은 후자의 유형이다. 긴 여운이 남는 곳이다.

무등산! 차등이 없는, 혹은 등급을 매길 수 없는 산이란 뜻인가. 무등산은 호남의 중심이다. 그 호남의 지리상 중심이자 사람들 마음의 중심에 있다. 그 산자락을 광주, 담양, 장성, 화순 등 여러 고을이 각각 나눠 에워싸고 있다.

그 산자락에는 수많은 인재가 나왔다. 풍부한 물산이 사람을 풍요롭게 살찌웠고, 예술과 문화를 꽃피웠다. 그러나 동전에도 양면이 있듯이 그 이면엔 계급의 불평등이 있었다. 이를 타파하려는 민중의 큰 함성이 있었다. 역사는 무등을 지향하며 오늘 여기까지 왔다.

평등 가득한 세상의 산, 무등산!

10월 3일, 가을빛이 완연한 무등산 동쪽 자락에서 자전거 여행은 시작됐다. 관광버스가 우리를 내려다준 곳은 광주 제2순환도로 옆 산수동 어느 도로변이다. 마땅히 몸을 풀 곳도 없어 스트레칭도 없이 곧바로 라이딩을 했다. 향하는 길은 처음부터 오르막이다. 순환도로 하부 통로박스를 지나고, 대여섯 구비를 돌아 전망대 휴게소를 지나 계속 직진하면 제4수원지 교량 건너편 교차로에 쉼터가 있다. 여기서 왼쪽은 망월동 방향이고, 오른쪽이 우리가 가야 하는 충장사 쪽이다. 충장사로 향하는 길, 단풍나무 가로수 사이로 멀리 보이는 덩치가 큰 산이 있다. 무등산이다. 무등산은 무언가 의미심장한 질문을 내게 던지는 것 같다.

운암서원과 충민사를 지나니 오르막길이 쭉 이어진다. 고개를 넘어가자 길이 두 갈래로 나눠진다. 오른쪽은 무등산 정상 방향이고 왼쪽은 충장사 방향. 소쇄원을 가려면 충장사 쪽으로 가야 한다. 삼거리에서 조금 내려가자 충장사가 나타났다.

충장사는 임진왜란 때 김덕령 의병장을 기리는 사당이다. 사당 위에 장군의 묘지가 있다. 1567년 이 마을에서 태어난 김덕령은 임진왜란 때 5천 의병을 모집, 이순신 장군과 곽재우 장군과 연합하며 큰 전공을 세워 광해군으로부터 익호장군의 군호를 받았다. 그러나 어느 누구의 무고로 투옥된 장군은 여섯 차례 혹독한 고문을 받고 1596년 서른의 나이로 숨을 거뒀다. 장군은 시조 한 수를 읊고 눈을 감았다고 한다.

춘산(春山)에 불이 나니 미처 못 핀 꽃들 다 타는구나

저 산의 불은 부어다 끌 물이라도 있지만

이 한 몸 태우는 불은 끌 물 없어 하노라

자신의 죽음이 얼마나 억울하고 부당했으면 이런 시를 남겼을까. 훗날 복권은 되었지만 그의 억울한 죽음은 사람들에게도 한을 남겼다. 김덕령 장군의 시호 충장공의 이름을 딴 광주광역시 충장로에서 5.18 항쟁이 시작된 건 결코 우연이 아니다.

시인 묵객이 사림 문화를 꽃피운 곳, 소쇄원 식영정 환벽당 취가정

충장사에서 나와 숲으로 난 내리막길을 달렸다. 이 일대에는 16세기 시인 묵객들이 사림 문화를 꽃피웠다. 소쇄원, 식영정, 환벽당, 취가정이 그 흔적이다.

소쇄원 광풍각

무등산 자락 옛 선비들의 자취를 찾으러 온 여행자들이 많이 눈에 띈다. 소쇄원으로 가는 길 주변의 코스모스 꽃밭이 여행자를 유혹한다. 꽃밭을 지나 들뜬 기분으로 달려 소쇄원에 도착했다. 자전거를 매표소 뒤에 보관해두고 우리는 대숲 길을 따라 걸어 들어갔다.

맑고 깨끗하고 향기로운 소쇄원

소쇄원 안으로 들어가니 대숲이 바람에 서걱서걱하고, 작은 계류가 바윗돌에 부딪쳐 졸졸 흐르니 청아한 분위기에 마음도 정화되는 것 같다.

소쇄원은 호남의 가장 아름다운 원림 중 하나다. 원림이란 인공적으로 조경을 한 정원과는 달리 숲과 동산 등 아름다운 자연을 그대로 두고서 건물을 배치한 정원이다. 소쇄원은 작은 계곡 건너 양지바른 경사지에 단을 쌓아 지은 건축물이다. 주변엔 대나무, 매화, 백일홍 등 꽃을 심어 아름다움을 극대화했다.

소쇄원은 정암 조광조가 능주에서 사약을 받고 처참하게 숨을 거두자 그를 흠모하던 양산보(1503-1557)가 충격을 받고 여기로 들어와 살면서 조성한 별서 정원이다.

정치에 실망하고 낙향해 홀로 산 속에 들어가 자연을 벗 삼으려 했지만 그인들 외로움이 없었을까. 주인의 마음은 원림 입구에 세운 대봉대(待鳳臺)라는 초가에서 읽혀진다. 봉황, 즉 귀한 손님이 오기를 기다리는 건물이라는 뜻이다. 이곳은 김인후, 송순, 정철, 임억령, 김성원, 김윤제 등 조선 성리학의 르네상스를 이룬 16세기 호남 문사들의 만남과 교류의 장이었다.

내가 이곳을 찾은 것은 이번이 세 번째다. 2008년경 전 소쇄원 제월당 벽면의 낙서를 고발하는 취재로 여길 처음 다녀간 적이 있었다. 당시 제보자는 일본인 여성 레이

소쇄원 낙서를 제보한 일본인 레이꼬 씨

소중한 우리문화재 입니다.
- CCTV 촬영중입니다 -

취재 후 낙서는 지워졌고, 건물엔 낙서금지 팻말이 놓여 있다.

코 씨였다. 우리말을 유창하게 하고 우리 문화유산을 유달리 사랑한 그녀는 소쇄원 건물 벽에 어느 누군가 몰지각하게 낙서한 것을 보자 참을 수 없어서 방송국에 제보를 했던 것이다. 그녀의 진정성 있는 고발 덕분에 두 번의 취재 과정을 통해 낙서는 말끔히 지워졌다. 이번에 가보니 제월당과 광풍각 툇마루에 낙서금지 팻말이 놓여 있다. 그 덕분인지 지금 이곳에는 낙서가 없다. 광풍각 마루에서 김밥을 먹으며 이 이야기를 했더니 류 교수님이 매우 반색하며 함께 사진을 찍자고 하신다. "참 잘하였어요!" 이런 뜻일 게다. 다시 찾은 여행지에서 지난 시절의 또 다른 나를 다시 만나며 세월의 변화를 느낀다.

송강 정철과 깊은 인연을 간직한 환벽당

소쇄원에서 나와서 오른쪽으로 도로를 따라 조금 가다가 왼쪽 길로 가서 다리를 건

환벽당

너면 나지막한 동산이 있다. 동산 옆으로 난 길을 따라 가다 보면 동산 올라가는 가파른 계단이 보인다. 그곳에 환벽당(광주광역시 북구 충효동)이 있다. 환벽당은 중종 때 문과에 급제하고 홍문관 교리 등 벼슬을 한 김윤제(1501-1572)의 집이다. 그가 나주목사로 있을 때 을사사화(1545년)가 일어났는데 그때 벼슬을 그만두고 이곳에 낙향했다고 한다. 그때 손수 지은 별당이 환벽당이다. 건축주의 약력을 보니 1501년생이다. 그와 동갑으로 퇴계 이황과 남명 조식이 있는데 두 사람 모두 많은 제자를 두며 큰 학맥을 이루었듯 당시 김윤제의 환벽당에도 송순, 김인후, 양산보, 정철, 김성원 등 호남의 문사들이 찾아와 시단을 형성했다고 한다.

그가 송강 정철(1536-1593년)과 맺은 인연은 퍽 흥미롭다. 어느 날 여름 환벽당에서 낮잠을 자던 김윤제가 용소에서 용이 놀고 있는 꿈을 꾸었는데 깨어보니 거기에 한 소년이 멱을 감고 있었다고 한다. 그는 그 소년의 총명함을 알고 자신의 문하로 삼고 글을 가르쳤다고 한다. 그 소년이 당시 16살의 정철이었다는 것이다.

그때 정철은 아버지가 귀양살이에 풀려서 조부의 산소가 있는 이 근처로 이사를 왔을 때인데, 김윤제는 정철을 10년 동안 환벽당에 지내게 하며 공부를 시켰다고 한다. 고봉 기대승에게 공부를 배우고 임억령에게 시를 배웠다고 한다. 공부 끝에 정철은

26살에 진사시 1등을 했고 이듬해 문과 장원을 하며 벼슬길로 나갔다고 한다.

환벽당은 예전에 푸른 대숲이 고리를 두르듯 집을 둘러싸고 있었다고 하는데 지금은 대숲이 없다. 환벽당 아래에 김윤제의 살림집이 있었다는 그 자리에는 키 큰 배롱나무와 꽃무릇이 심어져 있다. 관직을 떠난 김윤제는 늘 툇마루에 앉아 무등산을 바라보며 여생을 마감했으리라.

환벽당 뒤에는 광주호가 있다. 호수가 조성된 뒤에 생긴 저지대에는 생태공원과 탐방로가 있다. 구절초 군락지 옆으로 나 있는 길을 따라 올랐더니 잔디가 드넓게 깔린 언덕이 나타났다. 광주호수가 아우라(aura)를 이루는 것만 같은 아름다운 풍경의 언덕 위로 신이 난 듯 자전거를 타며 사진 찍기 놀이를 즐겼다.

기대하지 않은 곳에 눈의 호사를 누리니 기쁨은 배가된다. 하산할 때는 올라올 때와 달리 반대편으로 했다. 이곳에 오래된 버드나무 보호수가 있다고 들었는데, 찾지 못하고 바로 식영정으로 향했다.

「성산별곡」송강 정철 가사문학의 무대 식영정

식영정(담양군 남면 지곡리)은 조금 전에 지나온 환벽당과 하천 하나 사이를 두고 마주하고 있다. 이곳도 환벽당과 더불어 송강 정철의 유적 중 하나로 그의 가사 「성산별곡」에 나오는 그 성산 위에 지어진 정자다.

이 건물은 서하당 김성원(1525-1597)이 스승이자 사돈인 임억령을 위하여 1560년에 지은 것이라고 한다. 김성원은 정철보다 11년 연상이었지만, 정철과 환벽당에서 같이 공부했다고 한다. 정철은 식영정의 건축주인 서하당을 생각하며 「성산별곡」을 지었다고 한다.

…
시내의 흰 물결이 정자 앞에 둘러 있으니
하늘의 은하수를 누가 베어 내어
잇는 듯 펼쳐 놓은 듯 야단스럽기도 야단스럽구나.
…

수백 년 세월이 흘러 강산도 수백 번 변하듯, 식영정 아래로 흐르던 강물은 호수로 변해 있다. 식영정 건물 뒤편에 서 있는 아름드리 소나무는 송강이 성산을 노래한 그때도 있었을까. 풍경은 과거의 세월을 비껴가더라도 역사는 과거의 일을 잊지 못한다. 송강은 문과 합격 후 10년여 기간 순탄한 벼슬살이를 한 뒤 숨이 넘어갈 때까지 당쟁의 소용돌이 한가운데 있었다. 그때문에 승진과 삭탈을 반복해야만 했다.

명옥헌 원림에는 정자 앞뒤로 연못이 조성되어 있다.

1585년 대사헌으로 있을 때 동인의 탄핵을 받아 창평으로 돌아가서 4년간 은거 생활을 했는데 이때 「사미인곡」과 「속미인곡」을 남겼다.

다시 관직에 등용되고 1589년 정여립 모반사건이 일어나자 그는 우의정으로 발탁돼 서인의 영수로서 동인 수백 명을 처단했다. 이때 정여립과 지역적 연고를 한 수많은 호남 인사들도 무참히 목숨을 잃었다고 한다. 그러나 권력은 잠시뿐. 그 이후에 귀양살이를 하고 복직했고, 끝내는 다시 사직하고 고향에 내려온 뒤 58세의 나이로 별세했다. 권력은 그에게 부귀와 영화뿐 아니라 오명을 남겼고, 권력에 밀려나 초야에 있을 때 그는 문학작품을 남겼다.

무등산 자락을 뒤로하며 광주호를 벗어나 자전거는 또 다른 목적지로 향했다. 고서면 후산리 마을에 있는 명옥헌 원림이다. 명옥헌 원림은 오늘의 목적지인 담양읍의 진행 방향은 아니지만 이번 기행에서 빠질 수 없는 공간이다.

명옥헌 원림을 아시나요?

후산리 마을 안으로 들어가서 오래된 은행나무를 구경한 뒤 명옥헌 원림으로 향했다. 안내표시가 그려진 벽화가 있어 찾기가 어렵지 않다. 원림은 오희도(1583~1623)를 기리기 위해 그의 아들 오이정(1619~1655)이 지었다고 한다. 명옥헌 원림은 소쇄원, 환벽당, 식영정보다 한 세기 뒤인 1625년에 조성됐다.

정자 앞뒤로는 연못이 있다. 전면의 연못은 비교적 규모가 크다. 연못 주변엔 석 달 열흘간 꽃 핀다는 백일홍이 심어져 있다. 지금 꽃잎은 대부분 떨어졌고, 일부 붙어 있는 꽃들은 모두 시들어 있다. 조금만 일찍 찾았더라면 백일홍 꽃단장을 한 원림의 풍경을 카메라에 담을 수 있었을 텐데….

문향에 취한 자전거, 담양으로 향하다

후산리에서 담양까지 거리는 20킬로미터이다. 중간에 휴식 한 번 하고서 쉬지 않고 달렸다. 자전거 여행이 좋은 점은 하루 동안 달릴 수 있는 이동 거리다. 길만 좋다면 크게 무리하지 않고도 하루 100킬로미터 정도는 달릴 수 있기 때문이다. 게다가 순전히 자신의 체력으로 바퀴를 굴리는 자전거 여행은 체력 증진도 되니 일석이조다.

오늘은 비록 죽녹원 대숲에서 죽림욕의 기회는 얻지 못했지만 2킬로미터에 달하는 관방제림의 강바람을 쐰 것으로도 모두 흡족해한다. 이미 행복은 바구니의 용량 가득 꽉 채운 상태다.

라이딩을 마치고 돌아오는 길, 백양사 입구 어느 맛집에서 단풍나무 수액으로 만들었다는 음식을 먹었다. 단풍 두부보쌈과 단풍두부 전골이 주 메뉴인데, 그걸 보자 몸은 자기 배 속의 용량을 잊은 듯 끝없이 식도락을 추구한다. 서울 가는 길이 천 리도 더 남았건만….

영산강 (담양읍)

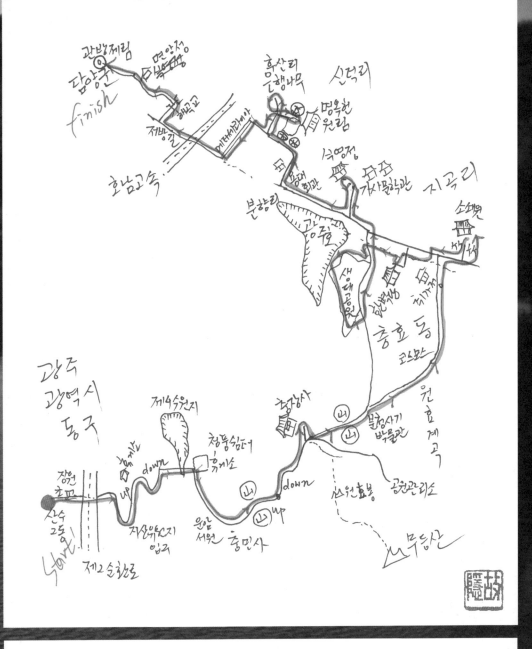

* **무등산 별서정원길** (단위 km)

광주 산수동 – 4 – 제4수원지 – 4.5 – 충장사 – 5.5 – 소쇄원 – (환벽당, 광주 호수생태공원) – 2 – 식영정
– 6 – 명옥헌 원림 – 15 – 담양읍관방제림

강댕이 미륵불

충남 가야산

백제의 미소 은은한 내포문화숲길

차창에 떨어지는 빗방울을 브러시로 밀어내며 버스는 예산군 덕산면으로 곧장 달린다. 주말인데도 고속도로는 소통이 원활하다. 덕산은 가야산의 동쪽으로 내포지방의 길목이다. 이중환의 택리지에 의하면 내포지방은 가야산을 중심으로 앞뒤로 열두 고을을 칭한다고 하는데, 이곳은 서울로 가는 큰 길목이 아니라서 임진, 병자 양란에도 크게 화를 입지 않았다고 한다. 그만큼 살기 좋은 고을이다. 오늘 우리가 가는 길은 덕산면 소재지를 지나 가야산(해발 678미터) 중턱에 나 있는 백제의 미소길과 내포문화숲길의 일부 구간을 따라 달리는 여정이다.

덕산에 다다를 무렵 다행히 짙은 구름이 걷혔다. 빗물을 머금은 대지는 음이온이 풍부하다고 하는데, 그래서인지 가야산으로 향하는 마음이 편안하다. 덕산천을 따라가다가 옥계저수지 옆으로 난 탐방로로 진입해 상가리로 향했다. 이곳에는 천하명당이라는 남연군묘가 있다. 남연군은 흥선대원군 이하응(1820~1898)의 아버지이다. 이 묘지는 대원군의 야망이 서린 곳이다.

어느 날 지관이 대원군을 찾아가 2대째 천자를 배출할 터가 있다며 접근한다. 그 터는 가야산의 동쪽 바로 이곳이다. 결국 이하응은 경기도에 있던 아버지 남연군의 묘를 이곳으로 이장하기로 했다. 그 해가 1852년, 원래 여기엔 어떤 절이 있었는데, 이하응은 절을 불태우고 자기 아버지 산소를 이장하는 무리수를 둔 것이다. 이장 후 7년 째 되던 해에 둘째 아들이 태어났고, 그가 나중에 임금으로 오른 고종이다. 고종에 이어 그의 아들도 임금(순종)이 되었으니 지관의 예언은 정확히 맞아 떨어졌다.

흥선대원군 이하응은 묘지 이장 당시 도굴을 염려해서 무덤 안에 철을 붓고 회를 바른 다음에 봉분을 덮었다고 한다. 대원군이 쇄국정책을 강화할 무렵 독일 상인 오페르트가 통상을 요구하다 실패하자 천주교도들을 앞세워 남연군의 묘를 파헤치러 이곳에 왔다. 오페르트 도굴꾼들은 중국 상해에서 배로 출발해 지금 서해고속도로 휴게소가 있는 행담도에 정박하고 야밤에 이곳까지 왔다. 그러나 이하응의 선견지명으로 비벼놓은 강회 덕분인지 도굴꾼들은 새벽까지 묘를 팠지만 결국 실패하고, 날이 밝아지기 전에 다시 행담도로 도주했다. 그 도주로가 바로 이 산길이었을 것이다.

그 길은 '백제의 미소 길'로 이름 붙여져 있다. 길을 따라가면 보원사지 등 수많은 절터와 서산마애삼존불 등 백제 불교의 흔적이 남아 있다. 이 길은 통일신라의 수도 경주에서 당나라로 가는 길목이었다. 이 길을 곧바로 진행하면 당진이나 서산 바다이기 때문이다.

'백제의 미소 길'을 따라 가니 '원효대사 깨달음의 길'이 이어지고

상가리에서 백제의 미소 길을 넘는 오르막은 그다지 가파르지 않다. 해발 220미터 정도인 고개에 다다르면 거기서부턴 산상의 고원 위로 길이 길게 이어져 있다. 길 옆에는 수십 여 개의 장승과 솟대가 있다. 뭔가 신성한 땅 같은 느낌이 든다.

임도 옆에는 '원효 깨달음의 길'이라는 안내판이 보인다. 아하, 옛날 원효대사가 이 길을 따라 당나라 유학갈 때 지나던 길이었던가 보다. 원효 스님은 경주를 출발해 이 곳을 지나다가 날이 저물자 어느 무덤가에서 잠을 청했다. 목이 말라 물 한 바가지를 달게 마셨는데, 아침에 일어나 보니 그 바가지가 바로 해골이었음을 알고선 크게 깨닫는다. "모든 건 오로지 마음이 지어내는 것"이라는 소위 '일체유심조'의 뜻임을 깨닫고선 유학을 포기했다고 한다. 여행이 곧 공부라는 진리를 일깨워주는 대목이다. 그러고 보니 오늘 라이딩은 꼭 수학여행 같다.

퉁퉁고개를 지나 네 갈래로 나눠진 갈림길에서 우리는 내리막 임도를 따라 달렸다. 이 길은 '내포문화 숲길' 4코스이기도 하다. 다운 힐이 아쉽게 끝나는 지점에 국립 용현자연휴양림이 있다. 윤 회장님은 몇 해 전 이 휴양림에서 숙박을 하면서 이틀간 자전거 여행을 했다고 한다, 그에 비하면 오늘 라이딩은 하루에 긴 여정을 섭렵해야 하는 주마간산의 일정이다,

휴양림에서 우리는 백제의 미소길 방향이 아닌 왼쪽 용현계곡으로 올라갔다. 제법 물이 많이 흐르는 계곡 옆 임도를 따라 1킬로미터 정도 올라가면 삼거리가 나온다. 여기서 곧바로 올라가면 일락산 정상 부근인데, 평균 체력을 감안해 오른쪽 임도로 올라갔다.

솔숲 능선길 시원한 바람을 가르고 내달리며

임도 삼거리에서 땀 몇 방울이 흘러내릴 만한 시각에 일락산 능선에 도착했다. 능선 위로 넓고 평탄한 길이 쭉 이어져 있다. 바람이 시원하다. 우리가 가야 할 길은 능선에

서 바로 넘어가는 임도지만 일단 능선 길을 달리고 난 뒤에 그 길을 타기로 했다.

능선을 1킬로미터 조금 더 달려가니 계단이 나왔다. 계단을 따라 1킬로미터 정도 내려가면 보원사지가 나온다. 오늘 라이딩에 앞서 작년 여름에 이곳으로 사전 답사를 왔었다. 답사 땐 이 계단을 따라 보원사지로 내려갔다. 보원사는 백제 사찰로 내포지방 일대에선 상당히 규모가 큰 사찰 중 하나다. 보원사지에서 얼마 떨어져 있지 않은 곳에 백제의 대표적인 불교조각인 서산마애삼존불이 있다.

하루에 일정을 마쳐야 하는 스케줄상 보원사지로 내려갔다가 되돌아오기는 쉽지 않아서 우리는 그 계단에서 자전거를 되돌렸다. 같은 길인데도 되돌아오니 새 길 같은 느낌이다. 아까 내려올 땐 모르고 지나쳤던 개심사 가는 이정표도 보이고 숲 속의 향기도 더 진하게 느껴진다. 내려갔다 올라왔다 반복하면서 피로감이 있을 법 한데도 모두 밝게 웃음을 띤다.

"이 능선 코스 선택하길 잘했다."

예감이 적중했다.

일락산 능선에서 해미로 떨어지는 다운 힐, 행복감의 극치

일락산 능선에서 해미로 떨어지는 임도 다운 힐은 또 얼마나 호쾌한지, 모두 쾌재를 불렀다. 임도 다운은 생각보다 길다. 더군다나 하늘은 어찌나 푸르고 맑던지…. 너무 좋아서 흥분된 기분에 내달리면 자칫 사고 나기 십상이라 안전모드로 달려 해미읍성에 도착했다.

가야산 임도

읍성에선 오늘따라 무슨 행사를 하느라 혼잡했다. 읍성이 한가했더라면 여기서 천주교 순교에 얽힌 이야기도 들어보고 역사 산책을 하면서 라이딩을 종료해도 괜찮을 장소였는데, 어디서 앉아 쉴 곳도 마땅치 않고 해서 코스 하나를 더 이어 타기로 했다.

해미천 옆으로 길을 따라 서산 한다리 마을에 있는 정순왕후 생가로 향했다. 사실 이곳은 400여 년 전 나의 선대가 터를 잡은 곳이다. 나의 직계 할아버지가 3대째 이 터에 거주한 적이 있어 나로서는 감회가 새롭다. 한때 한다리 마을은 기세등등했다. 이곳에서 난 정순왕후는 열여섯의 나이에 당시 66세이던 영조의 계비가 되었다. 정순왕후는 정조 사후 어린 순조가 즉위할 때 5년간 수렴청정을 했다. 왕후는 정치적 반대파인 노론 시파를 배척하고, 신유사옥(1801년)으로 천주교를 박해하며 남인계 인물을

정순왕후 생가

정권에서 배제했다. 그러나 그 권세는 오래가지 못했다. 1804년 수렴청정이 끝나고 그 집권세력은 몰락의 길을 걸었다. 권력이란 방금 우리가 지나온 길 처럼 오르막과 내리막이 반복되기 마련이다.

역사의 풍상을 함께 한 정순왕후 생가 앞 오래된 느티나무 아래에 앉아 라이더들과 함께 사진 찍는 것으로 오늘 라이딩을 종료했다. 라이딩을 마치고서 행복에 취한 듯, 피로에 취한 듯 돌아오는 버스 안에서 비몽사몽 하는데 어느 분이 말했다.

"우리 산들길 바이크 동호회는 매달 한 번 역사기행 하는 것 같아요."

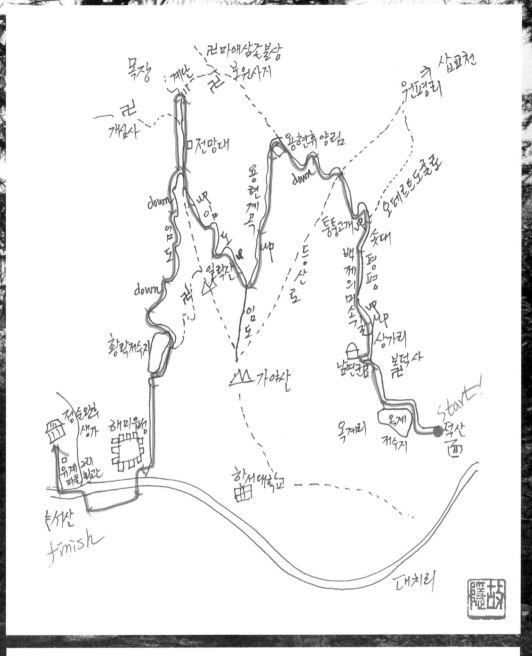

* **가야산 내포 숲길** (단위 km)

덕산면 – (옥계저수지) – 5.5 – 남연군 묘 – 4 – 통통고개 – 2.5 – 용현 자연휴양림 – 2 – 용현계곡 임도 삼거리 – 1.5 – 일락산 능선 – (전망대) – 1.5 – 보원사지 방향 계단 (반환) – 1.5 – 일락산 능선 – (임도) – 11 – 해미읍성 – 6 – 정순왕후 생가 (한다리 마을) – 7 – 서산시

달천

괴산 달천

충청도 양반의 느긋한 품성을 품은 강

상선약수(上善若水).

으뜸이 되는 선은 물과 같다는 뜻이다. 물은 모든 생성의 근원으로 만물을 이롭게 하고, 더러운 것을 씻어준다. 언제나 가장 낮은 곳에 임하며 거스르는 법이 없다.

높은 산에서 시작해 낮은 데로 향하는 강물의 흐름을 따라가는 자전거 여행만큼 편안한 여행은 없다. 요즘처럼 백화제방의 봄에 흐르는 강물을 따라가는 자전거에 오르면 풍경은 마치 수채화처럼, 영화처럼 흐른다. 이때의 풍경은 그저 보는 것만이 아닌, 만질 수도 있고 냄새도 맡을 수 있으니 그 감동이 영화에 비할 바가 아니다. 그림 같은 풍경으로 달리는 그 기분이란, 그걸 경험하지 않은 사람은 모를 것이다.

달천은 속리산, 좌구산 등지에서 발원한 물이 굽이를 이루다가 화양구곡, 선유구곡의 강물을 섞으며 123킬로미터를 흘러 충주 탄금대에서 남한강으로 합류된다. 달천은 광혜원에서 발원해서 청주를 지나 금강으로 합류되는 미호천과 함께 충북의 대표적인 하천이다. 평야지대를 적시는 미호천과 달리 달천은 백두대간 서북쪽 산악지대를 북으로 휘돌아 흐른다.

달천은 지역마다 부르는 이름이 다르다. 속리산 부근에선 속리천, 청천에선 청천, 괴산에 와서는 괴강, 충주에 와서는 달천이다. 달천은 흘러가는 구비구비 모두가 아름다워 자전거 여행 콘셉트에도 딱 어울린다. 달천 자전거 여행은 크게 3개 구간으로 나눌 수 있다. 첫째, 청주에서 출발해 옥화구경을 지나 청천면까지의 구간, 둘째, 청천면에서 김시민장군 사당인 충민사를 거쳐 불정면에서 탄금대까지 이어지는 달천은 강변으로 지날 수 있는 길이 없어서 라이딩이 쉽지 않다. 이번에 가는 코스는 청천-괴산읍 구간이다.

청천은 우암 송시열(1607-1689)이 만년에 거주하며 제자들을 가르치던 곳이다. 그의 무덤도 이곳 면소재지에 있다. 조선시대 노론의 영수인 송시열은 이곳에 와서 살면서 화양동 계곡의 아름다운 경치에 반해 각 명승지에 1번에서 9번까지 이름을 붙였다. 그는 기사환국(1689)으로 정권을 남인에게 뺏길 때 사약을 받고 세상을 떴다. 송시열은 그렇게 세상을 마감했지만 사후에도 노론의 정신적 지주였다. 어쩌면 사후 200년 이상 동안 지금까지도 조선의 보수적 정치 흐름은 크게 바뀌지 않았다고 해도 과언이 아닐 것이다.

청천은 우암이 묻혀 있다는 사실만으로도 권위가 서던 곳이었다. 화양동 서원, 암서재 등 송시열의 유적이 있는 화양동 계곡으로 라이딩을 하면 더없이 좋겠지만, 국립공원에서 라이딩을 금지한다는 말을 듣고 이번엔 달천의 물길을 따라가는 자전거 여행만 하기로 했다.

청천면 소재지에서 동쪽으로 조금 가다가 달천 옆으로 난 길을 따라 1킬로미터를 달리면 도로는 달천을 벗어나 야트막한 언덕으로 오른다. 곧 이어 오른편으로 빠져 누룩고개를 오르는데 어느 집 텃밭에서 이랑을 타는 가족의 모습이 보인다. 씨를 뿌리며 수확을 기대하듯 봄은 희망의 계절이다.

고개에서 내리막길을 쭉 달려 내려오면 다시 달천을 만나게 된다. 다리를 건너고 마을 하나를 지나면 자전거 길은 물길과 나란히 하류로 이어진다. 강변에는 막 피기 시작한 벚꽃이 수채화 같은 풍경을 연출한다. 경치 좋은 강가엔 펜션이 즐비하다. 달천은 제법 기름진 들을 형성하며 충청도 양반의 느긋한 품성을 품으며 하류로 흐르다가 화양동 계곡 물을 받은 이후부터는 어느새 좁은 산협 사이로 휘감아 흐른다.

덕평 삼거리에서 흑석리 다리를 지난 후 산막이 옛길 표지판을 따라 오르막 임도를 몇 굽이 돌자 그새 보이지 않던 강이 보인다. 강물은 짙은 초록빛으로 호수처럼 고요하다. 산막이 임도 오르막은 약간의 인내심이 필요하다. 마을에 거의 다 도착하지 않았나 생각할 무렵 산 아래에 멋진 구름다리가 보인다. 산막이마을과 갈론마을을 연결하는 연하협 구름다리다. 바로 달려가서 건너보고 싶지만 일단 산막이마을 구경부터 먼저 한 뒤에 건너기로 했다. 다리에서 산막이마을은 1킬로미터 거리다.

산막이마을은 말 그대로 산에 막혀 고립된 마을이다. 마을을 더욱 고립시킨 건 1950 년대에 건설한 괴산댐이다. 댐으로 인해 호수가 마을을 완전 고립시킨 것이다. 그때부터 마을 주민들은 읍내로 나가려면 호수 옆 가파른 벼랑길로 걸어가는 수밖에 없었다. 외부와 완전 두절된 이 마을에 10년 전부터 관광객들이 찾기 시작하더니 이제 주말이면 외지인들로 북새통을 이루다시피 한다. 지자체에서 기존의 벼랑길에 걷기 편하게 길을 새로 조성해 홍보를 하면서 마을이 관광명소로 변한 것이다. 걷기 붐을 타고 관광객은 물밀 듯이 밀려왔고, 마을은 상전벽해로 변했다.

산막이 마을 선착장 옆을 지나 마을을 빙 돌아가니 수월정이라는 현판이 걸린 건물이 있다. 이곳은 조선시대 문신인 노수신(1515-1590)이 유배 와서 거처한 집이라고 한다. 노수신은 29세

노수신이 유배 당시 머물었던 수월정

에 문과 장원급제를 하고 승승장구하였지만 을사사화로 순천과 진도에서 이미 19년간 귀양살이를 하고서 이곳 산막이 마을에 옮겨졌다고 한다. 다행히도 여기 와서 2년 만에 풀려나서 영의정까지 올랐다. 절해고도나 첩첩산중에서 귀양살이 19년에 그인들 분노가 없었겠냐마는 그는 현실을 긍정하고 책읽기에 몰두했다고 한다. 그는 「귀양살이의 네 가지 맛(謫居四味)」이라는 글에서 이렇게 말했다.

맑은 새벽에 머리 빗는 맛

늦게 아침 먹고 천천히 산보하는 맛

환한 창가에 앉아서 햇볕을 쪼이는 맛

등불을 밝히고 책을 읽는 맛

— 『절해고도에 위리안치하리라』, 이종묵 · 안대회, 2011, 북스코프.

귀양살이의 고단함을 잊기 위한 것이었겠지만, 그는 귀양 19년 동안 늘 책을 읽었고, 유배에서 풀려나 영상의 직위에 있을 때도 책읽기를 중단하지 않았다고 한다. 유배지에서 하루하루가 얼마나 적막했을지는 수월정 마루에 앉아보면 이해가 된다. 보이는 거라곤 산과 물뿐인 이곳 생활의 고독을 이겨내고, 그 시간을 견디는 것만으로도 그는 이미 큰 덕을 쌓은 것이나 다름없었겠다. 수월정에서 구름다리로 가는 호숫가 둘레길은 길이 험해 자전거를 거의 끌다시피 했다. 그냥 오던 길로 편하게 갔으면 시간도 단축되고 좋을 텐데 선두가 길을 잘못 든 것이다.

연하협 구름다리는 길이가 160여 미터, 폭이 2미터로 요즘 유행하는 출렁다리다. 자전거를 몰고 갈 때 몸이 약간 흔들리는 느낌이 들지만 큰 불안감 없이 건널 수 있다. 다리를 건넌 뒤 호숫가 산기슭으로 난 폭이 좁은 도로를 달렸다. 김항묵 고택 옆을 지나 칠성면 소재지 옆길로 해서 강을 하나 건넌 다음 두천리 마을 위로 난 산자락 임도를 짧게 타고 내려와서 충민사로 향했다.

충민사는 임진왜란 때 진주성 싸움을 승리로 이끈 의병장 김시민 장군의 사당이다. 2만 명의 왜적이 진주성을 포위하자 장군은 불과 3,800명의 병력으로 7일간 전투를 이끌며 적을 물리쳤다. 그때 이미 그는 이마에 탄환을 맞았다. 결국 그 상처가 깊어져 며칠 만에 숨을 거뒀다. 적이 알까 봐 전투가 안정이 된 뒤 상을 치렀다고 한다.

충민사 뒤에는 그의 손자 김득신(1604~1684)의 정자가 있다. 김득신은 사기 백이전을 1억 1만 3천 번(요즘 계산법으로는 11만 3천 번) 읽었다고 할 정도로 다독가로 잘 알려져 있다. 그는 어릴 때 천연두를 앓아서 열 살이 되어서야 공부를 시작했다고 한다. 조선시대에 영민한 자녀는 5살이 되면 사서삼경을 읽는다고 하는데, 그리고 보면 그는 둔재 중의 둔재였다. 그런 그에게 아버지는 '공부 시작이 늦었지만 지금부터 열심히 하면 성공할 수 있다. 글을 읽고 또 읽으면 대문장가가 될 수 있다'며 용기를 북돋아줬다. 결국 그는 걸어 다닐 때도 책을 놓지 않았다고 한다.

충민사 뒤로 희미한 오솔길의 흔적을 따라가면 그가 1663년에 그가 세운 취묵당(醉黙堂)이라는 정자가 있다. 취묵당은 술에 취하더라도 입을 다물어라, 그러지 않으면 화를 당하게 된다는 뜻이다. 그는 정자의 서재 이름을 억만재라고 하였다. 그는 말년에 이르기까지 괴강이 보이는 이곳 억만재에서 독서에만 전념하였다. 그가 책을 읽을 때 숫자를 적어둔 독수기에 따르면 1634년부터 1670년까지 36년 동안 사기 백이전 1억 1만 3천번 외에도 노자전, 분왕, 벽력금, 주책, 능허대기 등은 2만 번, 제책, 제구양문, 중용서는 1만 8천 번 등 웬만한 글은 만 번 이상 읽었다. 그런 노력 끝에 그는 59세 나이에 문과에 급제했다.

－『조선의 문화공간』, 이종목, 2016, 휴머니스트

"책 1만 권을 읽으면 붓 끝에 신기가 어리고 글을 1천 번 읽으면 그 의미가 저절로 나타난다."라는 옛말이 있다고 한다. 평생 동안 노력한 결과 아둔한 머리를 극복하고 결국 당대 최고의 문장가가 된 김득신을 일컬어 하는 말이다. 노력은 배신하지 않는다는 교훈을 우리에게 남긴 김득신, 정자에 오르니 350년 전 대문장가 김득신의 책 읽는 소리가 달천 강물 위로 퍼져 나가는 것 같다.

水光晴后艶(수광청후염)	물빛은 개인 뒤에 예쁘고
山色雨中奇(산색우중기)	산 빛은 빗속에 기이하구나
騺核誠非易(즐핵성비역)	딱히 뭐라 말하기 어려워
吾寧廢賦詩(오녕폐부시)	차라리 시 짓기 그만둘까 보다

― 김득신, 「취묵당에서 우연히 읊다」

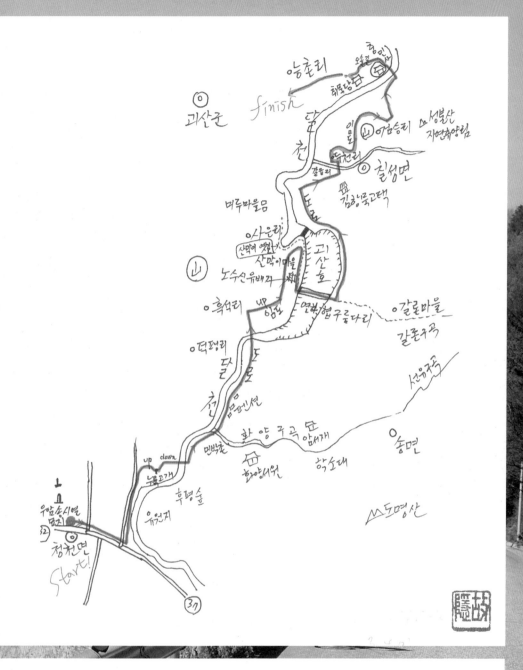

* 괴산 달천 (단위 km)

청천면 우암 송시열 신도비 – 1 – 후평 삼거리 – (달천강변, 누룩고개–고성리) – 10 – 화양동 계곡 입구 – (지촌리, 덕평리, 흑석교, 산막이마을 임도) – 15 – 산막이 마을 – (연화협 구름다리, 사은리, 칠성교, 두천리 임도, 검승리) – 17 – 김시민 장군 충렬사 – 0.7 – 취묵당 – 7 – 과산읍

석천계곡

봉화

돌다리 건너 산모퉁이를 돌면 펼쳐지는 환상의 풍경

　미세먼지 주의보가 내린 날 새벽, 버스는 서울을 탈출하듯 빠르게 고속도로로 진입했다. 일행 대부분은 잠에 빠져들었다. 이번 라이딩은 깊은 산 은둔의 땅 봉화를 찾아가는 여행이다. 라이딩의 출발은 춘양면 우구치리와 서벽리 경계 백두대간의 마루금인 도래기재에서다. 이 고개를 예전에 추석연휴에 넘은 적이 있었다. 그때 밤 10시가 넘은 시각, 암흑처럼 적막한 산길을 달릴 때 오싹했던 기분을 지금도 잊지 못한다. 고개를 넘는 동안 마주 오는 차량은 단 한 대도 없었고, 그때 산적이라도 나타나면 영락없이 당할 수밖에 없던 상황이었기 때문이다.

　이 길은 오늘도 한적하다. 내리계곡을 지나 도래기재에 도착한 버스는 일행을 내린 후 떠나고 자전거는 아래에 있는 임도로 진입했다. 이 임도는 옥석산 동쪽 해발 800미터의 등고선을 따라 횡으로 오르내린다. 초반부는 완만한 오르막. 길 옆으로 금강

소나무가 하늘을 치솟을 듯 높이 서 있다. 울창한 이 숲은 '문화재용 목재 생산림'으로 지정돼 있다. 그 금강소나무는 이곳 봉화 춘양 일대에 널리 자생한다. 이곳 춘양에서는 이 나무를 춘양목이라고 부른다. 나무줄기가 황금빛을 띠는 늠름한 춘양목 틈새로 활엽수들이 경쟁하듯 자라며 하늘을 가리고 있다. 길은 그 사이로 지나간다.

숲 터널로 들어가지 아카시아 꽃향기가 코끝을 자극한다. 서울에선 한참 오래전에 시든 아카시아 꽃이 이곳에선 오월의 끝자락인 지금 만발해 있다. 임도엔 아카시아 꿀을 채취하기 위한 벌통들이 놓여 있다. 벌통 옆으로 숨죽이듯 페달을 밟는다. 독을 품고 있는 녀석들이지만 자기들을 해코지 하지 않는 한 먼저 쏘지는 않는다. 쏘는 순간 그의 생명도 끝나기 때문이다. 다들 벌통을 무사통과한 줄 알았는데 뒤따라오던 한 분이 기어이 봉침을 맞으셨단다. 그거 한의원에 가서 맞으면 1만 원 넘게 줘야 할 텐데 오늘은 공짜 벌침을 맞았다며 싱글벙글 하신다.

아카시아 가지를 잡아 내려서 꽃 대궁을 꺾었다. 어릴 때 하굣길에 동무들과 따먹던 그 아카시아 꽃잎, 입안에 넣어보니 향긋한 행복이 통째로 들어오는 기분이다. 다시 페달을 밟는다. 이런 벌통을 다섯 번 정도 지나니 10킬로미터에 이르는 임도가 끝나고 이제 도로를 만난다. 이곳은 오전약수터와 서벽 쪽 두내약수터 사이에 있는 주실령 고개 인근이다. 도로를 따라 500미터 정도 내려가서 오른쪽 임도가 우리의 진행 방향이다. 오늘 타게 될 두 번째 임도인 이 길은 문수산을 동쪽에서 남쪽으로 길게 돌아 내려가는 길이다. 초반부는 넓고 오르막이라 조금 고될 수 있지만, 이어지는 길은 아주 편안하다. 키 큰 나무들이 그다지 많지 않아 햇살이 조금 따갑긴 했지만. 깊은 산속이라 견딜 만했다.

다시 길은 소나무 숲을 따라 평평하게 나 있다. 옆에는 최근 개장한 국립백두대간 수목원이 있다. 여기엔 서울대공원에서 이사 온 호랑이 2마리가 서식하는 숲도 있다고 한다. 좁은 울타리에 갇혀 있던 녀석들이 상대적으로 광활한 이 수목원에선 그런대로 호강하게 될 것 같다. 그러나 대자연을 활보하던 기억이 DNA에 박혀 있을 녀석들에겐 여기 호랑이 숲이 기대만큼 행복을 약속할 것 같지는 않다. 비호같이 뛴다는 호랑이에게 수목원은 너무나 좁기 때문이다.

우리가 달리는 이 길은 외씨버선길 구간이기도 하다. 외씨버선길은 단종이 사사됐던 영월의 관풍헌에서 청송 주왕산까지 이어지는 장대한 길이다. 외씨버선길 로고가 그려진 표지판을 보자 지난해 가을 일월산 외씨버선길의 행복 라이딩이 떠올랐다. 수목원 울타리가 끝나고 길은 서서히 오르막과 내리막을 반복한다. 하지만 전반적으론 오르막이다. 다행히 숲이 서쪽으로 넘어가는 해를 가려줘서 시원하다.

그래도 휴식시간은 자주 가졌다. 임도를 20킬로미터 가까이 탔기 때문에 피로가 쌓일 때도 되었다. 땅의 기운을 받으며 길바닥에 벌렁 드러누웠다. 하늘이 푸르다. 이

가부재

런 기분 몇 년 만이던가. 행복은 봄눈 녹듯 순식간이라지만 오늘은 행복이 쉬이 끝나지 않을 것만 같다. 긴 오르막이 다할 즈음, 문수산 정상에서 남동쪽으로 뻗어 내려오는 산줄기가 끝날 즈음 평평한 곳에 길이 세 갈래로 나눠져 있다. 지도에 보니 이곳 지명이 '가부재'로 돼 있다. 키 큰 아름드리 소나무가 있는 것으로 봐서 역사가 있는 고개 같다. 도래기재와 주실령과 가부재로 이어지는 이 길은 향토에서 '조선 십승지지 둘레길'로 명명하며 정비를 완료한 구간이기도 하다. 십승지지란 왜란과 호란을 겪은 조선의 민초들이 전란을 피해 살 만한 이상향으로 정감록에서 언급한 것인데 남사고 등 여러 사람들에 의해 십승지지에 대한 이론이 이어졌다. 남사고에 의하면 이곳 춘양 일대도 10승지

남사고 (1509~1571)

호는 격암, 울진 출생, 전국의 명산을 돌아다니며 수련하였고, 천문, 역학, 복서 등에 달통하였다고 함. 남사고는 공주의 유구와 마곡, 무주의 무풍, 보은 속리산, 부안의 변산, 성주의 만수동, 봉화의 춘양, 예천의 금당실, 영월의 정동 상류, 운봉의 지리산, 풍기의 금계촌 등을 십승지라고 칭함.

중 하나라고 했다. 임진왜란 때 명 재상 류성룡의 형 류운룡이 가족과 함께 이곳 춘양으로 피난을 와서 무사했다고 하는데, 그러고 보면 춘양 일대가 십승지로 정해진 것에 토를 달 수 없을 것 같다.

가부재 삼거리에서 왼쪽 길은 춘양 도심리나 애당리 쪽이고, 곧바로 내려가면 우리가 지나게 될 봉성면 우곡리 방향이다. 이어지는 길은 내리막이 심하고 곳곳에 자갈이 있다. 이런 내리막길에선 트래블이 긴 풀샥이 제격이지만, 오늘 내 자전거는 하드테일이다. XC 코스에 익숙한 김 교수님과 이 원장님 두 분, 내리쏘는 속도가 예사롭지 않다. 5킬로미터 정도 달리니 임도는 끝나고 평탄한 도로 내리막이다.

문수산 남쪽 자락인 이곳 우곡리는 천주교 성지가 있는 곳이다. 이곳에는 성호 이익의 문하에서 천주교 서적을 익히며 천주교 교리를 신봉한 홍유한(1725-1785) 선생의 묘가 있다. 홍유한 선생은 예산과 영주 등지에서 수십 년간 은거하며 '탐욕, 오만, 음탕, 나태, 질투, 분노, 색' 등 인간에게 죄악의 뿌리가 되는 나쁜 성정을 극복하기 위하여 '은혜, 겸손, 절제, 정절, 근면, 관용, 인내' 이 일곱 가지 덕행을 익혀야 한다(7극)는 천주교 교리의 최초 수덕자라고 한다. 그는 선종할 때까지 독신으로 살며 하느님을 섬겼다고 한다. 그를 기리기 위하여 천주교는 1995년 우곡리 일대를 성지로 조성했다.

우곡성지에서 창평저수지를 지나 하천을 따라 11킬로미터 가면 닭실마을이다. 이 마을은 문수산의 남서쪽 줄기 끝부분으로 금닭이 알을 품은 형국의 명당이다. 이중환의 택리지에 의하면 닭실은 하회, 양동, 안동 내앞 마을과 더불어 삼남의 4대 길지 중 하나다. 한자어로 유곡으로 표기하지만 닭실이란 지명이 익숙하다.

닭실마을은 중종 14년 기묘사화(1519) 때 예조참판이었던 권벌(1478~1548, 호는 충재)이 파직을 당한 후 입향해 안동권씨의 세거지를 형성했다. 15년 후 복직된 권벌은 좌참찬과 우찬성을 지냈는데 을사사화 때 또 파직을 당해 유배 중 숨을 거두었다. 닭실마을에는 권벌을 불천위로 모신 안동 권씨 종택과 아름다운 정자 청암정이 있다.

청암정에 도착한 시각은 오후 5시가 거의 다 되었는데, 관리인의 퇴근 시간에 임박해 자칫하면 안으로 들어가보지 못할 뻔했다. 청암정을 관람하기 위해 서울에서 여기까지 왔다고 간청해서 겨우 입장 허가를 얻었다. 예전에 친구들과 올 때는 관리인도 없었고, 연못 위로 돌다리를 건너서 정자 안으로 들어가서 미수 허목이 썼다는 현판도 구경했는데, 이제는 출입을 금하고 있다. 우리에게 주어진 관람시간은 딱 5분뿐, 이럴 땐 풍경을 후딱 사진으로 찍어두는 게 상책이다.

닭실마을

청암정은 냇물을 끌어다가 연못을 만들고, 그 안에 거북처럼 생긴 바위 위에 주춧돌을 박아 세운 건물이다. 정자는 사방에 심어진 수초와 왕버들나무와 소나무, 향나무 등이 에워싸여 운치를 더한다. 파직되어 낙향한 권벌은 여기에 청암정을 짓고 15년 동안 후진을 양성하고 경학을 공부했다고 한다. 그런걸 보면 학문이든 건물이든 위대한 작품은 고난과 궁핍의 시기에 만들어지는 것 같다.

청암정 관람을 마치면 오늘 라이딩이 거의 끝났다는 생각을 가질 무렵, 또 다른 코스로 일행을 안내했다. 사람들은 대개 이쯤 되면 오늘 볼거리가 끝난다고 생각하고 저마다 여행의 마무리를 정리하게 되는데, 또 다른 코스로 일행을 놀래주고 싶었다. 청암정에서 나와 하천을 따라 마을 앞으로 돌아 나오면 수풀 사이에 숨어 있듯 놓인 돌다리가 있다. 돌다리를 건너면 산자락 아래로 길이 있다. 역광을 받아 아름다운 길은 산모퉁이로 휘어져 나간다. 길은 광선 방향에 따라 느껴지는 분위기가 다르다. 풍경

석천정사

도 다르지만 그 풍경을 보는 내면의 느낌도 다르다. 지금 같은 석양 때는 고요, 적막, 여유, 낭만, 그리움 등 감성으로 다가와 여행자의 마음을 움직이게 한다.

　소나무 가지 사이로 햇살이 시야를 가리는 산모퉁이를 지나면 아주 한적한 개울가에 기와집이 있다. 이것은 충재의 맏아들인 권동보(1518-1592)가 지은 석천정사이다. 권동보는 아버지가 을사사화로 귀양지에서 돌아가시자 벼슬을 버리고 귀향, 20년 간 두문불출했다고 한다. 석천정사는 그때 지은 건물이다. 잘 지은 건물은 그 건물에서 바라보는 주체의 시선에서든 바깥에서 건물을 바라보는 객체의 시선에서든 풍경이 모두 아름답다. 석천정사도 그렇다. 석천정사에서 바라보는 석천계곡으로의 시선, 나무다리 건너 계곡에서 석천정사를 바라보는 시선, 두 시선 모두가 극치의 아름다움을 선사한다. 선인들의 미학적 안목에 감탄한다.

　나무다리를 건너온 라이더들은 모두 풍경에 압도된 듯하다. 나는 이곳이 오늘 두 번째이지만 느낌은 처음만큼이나 감동적이다. 먼저 가서 벤치에 앉아 휴식을 취하는 이 원장님은 마치 이곳에 올 준비를 한 듯 배낭에서 단소를 꺼낸다. 짧고 가는 악기인 단소에서 울려 나오는 나지막한 음은 석천계곡의 물소리와 바람소리와 섞인다. 어느 것이 물소리인지, 어느 것이 바람 소리인지, 또 어느 것이 음악인지 자연 음향과 악기의 음률이 조화를 이룬다. 앞서간 일행들의 기다림도 잊은 채 시간 가는 줄도 몰랐다. 오늘 자전거 라이딩을 내가 여행 다큐멘터리로 만든다면 이 원장님이 부는 단소의 연주음을 에필로그의 배경음악으로 쓰고 싶다.

솔잎이 깔린 오솔길, 그 위로 달리는 자전거 바퀴 클로즈 업, 그리고 페달을 돌리는 허벅지의 근육
라이더 일행 풀샷 – 이때 라이더의 헐떡이는 호흡이 솔바람 소리와 섞이면서 이어지는 영상은,
석천계곡 흐르는 물 타이트 샷 – 솔바람 소리는 여울소리에 묻히고, 이때 어디선가 들리는 단소 연주의 구슬
프고도 아름다운 선율, 이어서
아스라이 펼쳐지는 아름다운 길 위로 달리는 자전거 라이더들이 저녁노을의 산으로 오버랩된다. 이어서
산과 산이 수없이 중첩되는 백두대간, 그 위로 자전거가 아스라이 사라지면서 끝 타이틀이 오버랩된다. –
코리아 판타지 – 깊은 산 은둔의 땅

청암정

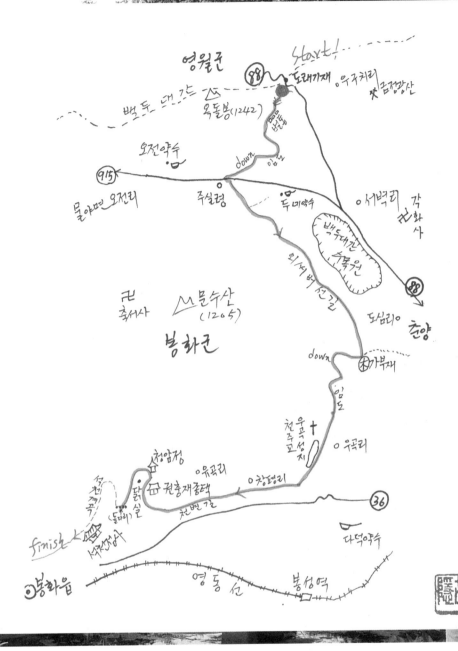

* 도래기재 넘어 봉화 가는 길 (단위 km)

백두대간 도래기재 (임도) − 11 − 주실령 − (백두대간 수목원) − 15 − 가부재 − 6 − 천주교 우곡 성지 − (창평리, 유곡리 천변길) − 12 − 닭실마을 (안동권씨 충재종택) − 0.8 − 석천정사 − 2.5 − 봉화읍

깨길고개

춘천 실레 이야기길

알싸하고 향긋한 그 냄새에 정신이 아찔했던 동백 숲길

여행길의 교통수단으로 자전거만 한 것이 있을까? 자전거는 바퀴를 굴릴 수 있는 공간만 있으면 어디든 가기 때문이다. 등산객은 이렇게 말할 수 있을 것 같다.

"자전거는 길이 험한 데는 못 가잖아요?"

그럼 이렇게 대답한다.

"아뇨, 자전거를 끌고, 들고, 메고 가면 되죠."

또 좋은 점 하나가 있다. 걸어서는 평지길이라도 하루에 30~40킬로미터 가기가 힘

들지만 자전거는 하루 100~150킬로미터는 거뜬히 달릴 수 있다. 전철, 고속버스 등 자동차를 이용해서 자전거 여행을 한다면 그 반경은 꽤 넓어진다. 전철에 자전거를 싣고 가다 도중에 내려서 라이딩하기에는 경춘선 쪽이 좋다.

나는 주로 굴봉산역이나 백양리역에 내려서 북한강변을 달리다 어느 깊은 산중으로 우회해서 김유정역이 있는 실레마을까지 종종 달린다. 김유정 소설의 이야기가 있는 실레 마을의 고샅길과 금병산 자락에 조성된 실레 이야기길을 산책하다 보면 김유정 소설의 재미에도 흠뻑 빠질 수 있어 좋다.

춘천 가는 자전거길은 경춘선 옆으로 북한강을 따라가다 강촌교를 건너 강 건너편으로 이어진다. 의암호나 춘천 시내를 가려면 그렇게 가야 하지만 실레마을로 가려면 그 다리를 건너지 말고 강촌마을 첫 번째 교량을 건넌 뒤 다시 북한강 강변길을 1킬로미터 정도 달리다가 이어지는 오른쪽 계곡을 들어가야한다. 계곡으로 쭉 들어가면 어쩌다 한두 집 정도에 불과한 '깨길마을'이라는 아주 특이한 지명의 마을이 있다. 마을에서 고개까지의 길은 경사가 조금 있다.

내리막길은 방금 전 오르막길보다 경사가 더 급하다. 그런 까닭에 라이딩은 더욱 신난다. 내리막이 끝나고 팔미2리 마을로 들어서면 마당에 빨간 고추가 널려 있고, 지나는 길 옆에 코스모스꽃이 만발해 가을 기분에 깊이 빠지게 된다.

마을 앞 도로를 따라 200여 미터쯤 가다가 오른쪽 길로 고개 하나를 더 넘으면 팔미3리인데, 이곳은 지금까지 지나온 마을 중 들판이 제일 넓다. 마을 앞 팔미교 다리를 건너면 오늘의 목적지인 김유정역이 있는 춘천시 신남면 증리 마을이다.

김유정역은 원 역명이 신남역이었는데 2004년에 김유정역으로 개명됐다. 김유정은

김유정역

1930년대 이 지역 태생의 소설가로 『동백꽃』, 『봄봄』 등 명작을 남긴 이름난 소설가다.

소설가 김유정이 이 마을과 어떤 특별한 관계가 있기에 역 명칭까지 바꾸었을까? 김유정은 1909년 이곳 실레마을에서 2남 6녀 중 차남으로 태어났고, 6살에 서울로 이사를 갔다. 그가 다시 고향으로 내려온 건 22살 때인 1930년에 잠시였다. 그 이듬해에도 그는 다시 귀향해 1년 7개월여 고향에 살았다. 그 이후 폐결핵 진단을 받고 그는 거의 서울에서 생활하며 창작 활동을 하였으나 결국 병을 이기지 못해 30살에 세상을 떴다.

그가 고향에 실제 거주한 기간은 짧았지만 그의 작품 상당수는 고향을 배경으로 하고 있다. 누구에게나 그렇듯 태어난 고향은 어쩌면 삶이 다할 때까지 의식의 자양분을 공급하며 삶을 지탱해주는 거대한 뿌리 같은 존재다.

"글쎄 이 자식아! 내가 크질 말라구
그랬니. 왜 날 보구 떠나?"
"빙모님은 참새만한 것이 그럼
어떻게 앨 낳지유?"
(사실 장모님은 점순이보다도 귓배기
하나가 작다)
― 김유정의 〈봄·봄〉에서

김유정 작가가 2년여 짧은 기간 고향에서 본 소작인과 들병장수 등 서민들의 모습과 피폐해진 농촌의 현실은 그의 소설에 고스란히 녹아 있다. 상경 후 바로 소설 산골나그네 집필을 필두로 그에게 주어진 6년의 생애 동안 소설을 30편이나 썼고 그중 12편이 모두 고향 실레마을을 배경으로 하고 있다.

실레마을은 김유정에게 문학을 탄생시켰고, 그의 문학은 지금 고향을 풍성하게 만들고 있다. 고향의 후학들은 선배의 이름을 딴 문학촌을 만들어 그의 문학세계를 기리고 있다. 김유정 문학촌은 역에서 얼마 떨어지지 않는 곳에 있다. 문학촌에는 작가의 생가가 복원돼 있고, 작가의 소설 원고와 출간된 책 등을 전시한 문학기념관이 있다.

김유정 문학을 특별하게 만날 수 있는 곳이 또 있다. 실레마을 고샅길과 금병산 자락의 산길을 이은 실레 이야기길이다. 4.5킬로미터에 달하는 이 둘레길은 김유정 소설의 작품 배경을 따라 도는 문학의 길이다.

실레 이야기길의 탐방 방법은 개인마다 다양할 수 있지만 나는 대개 문학관에서 왼쪽 길로 올라가서 금병산 자락의 둘레길을 시계 방향으로 돌고난 뒤 마을로 내려와 마을안길을 돌아보곤 한다. 금병산 자락 둘레길은 대개 편안한 오솔길이라 라이딩도 괜찮지만 자전거를 끌면서 여유로운 마음으로 산책을 해도 좋다. 이야기길 곳곳에 김유정 소설 내용을 간략하게 묘사한 간판이 있어 작품을 읽고 이해하는 데도 도움을 얻게 된다.

금병산에서 만난 첫 번째 이야기 마당은 그의 소설에 종종 등장하는 들병이(술을 들병에 넣어 파는 사람)들이 이 길을 통해 마을로 들어왔다는 '눈웃음길'이다. 김유정은 22살에 연희전문에서 제명처분을 당하고, 짝사랑하던 애인(명창 박녹주)에게마저 끝내 거절당한 후 고향 실레에 내려와선 들병이들을 찾아다니면서 거의 매일 술을 마시고 늑막염까지 발병해 건강이 매우 좋지 않았다. 들병이가 등장하는 작품 『솥』, 『산골 나그네』, 『총각과 맹꽁이』 등은 거의 실화에 가깝다는 것이 뒷날 확인되었다. 그런 가운데도 김유정은 옛날 마름네 아들과 조카 등과 뜻을 맞춰 야학을 열었다고 한다.

— '작가연보', 김유정문학촌 (http://www.kimyoujeong.org)

실레 이야기길은 소설 『동백꽃』에서 점순이가 나를 꼬시던 '동백숲길'로 이어진다. 소설 『동백꽃』에서 "알싸한 그리고 향긋한 그 내음새에 온정신이 그만 아찔하였다."라고 했던 그 동백꽃이 남부지방의 빨간 동백이 아니라 이른 봄에 노랗게 꽃피는 생강나무라는 것도 이 안내판 덕분에 알게 된 사실이다. 소설 속 생강나무는 실레 이야기길 주변 곳곳에 자생하고 있다. 비록 짧게 쓴 소설 이야기 마당도 산에서 읽다 보면 문학소년의 동심으로 빠지는 게 비단 나만은 아닐 테다.

둘레길 중간쯤 지나게 될 무렵 만나게 되는 다음 팻말에서 덕돌이가 장가가서 신바람이 났던 그 모습을 연상해보면 내 걸음도 신명난다.

"덕돌이는 첫날을 치루고 부쩍부쩍 기운이 난다. 남이 두 단을 털제면 그의 볏단은 석단 째 풀쳐 나간다. 연방 손바닥에 침을 뱉어 붙이며 어깨를 으쓱거린다."

산골나그네 들병이 여자의 꼬임수도 모르고 첫날밤 대례를 치룬 서른 살 덕돌이가 싱글벙글하며 이 오솔길에서 마주칠 것만 같은 길이다. 신바람 길을 지나 내리막길을

타고 내려가서 계곡에 이르면 "머리 위에서 벌들이 가끔 붕붕 소리를 치고, 바위틈에서 생물 소리 밖에 안 들리는 산골짜기, 맑은 하늘의 봄볕이 이불 속 같이 따스하다."는 『봄봄』의 한 대목이 바로 여기를 연상하고 쓴 게 아닌가 상상해보게 된다. 그곳을 지나 저수지 옆으로 노송이 빽빽이 늘어박힌 길로 내려가면 '만무방'에서 묘사된 대로 인제에서 빚잔치 벌이고 도망오던 응칠이가 송이 따던 송림길을 지나게 되고, '머루며 다래, 칡, 이름 모를 잡초가 있는 수풀'을 지나 마을로 향하는 길이 나온다.

기왕이면 이야기길 전체를 다 돌아보면 좋겠다고 생각한다면 밭 옆으로 난 길을 따라 백두고개 쪽으로 가도 좋다. 얼마 가지 않아 제법 넓은 논이 나온다. 벼가 익어갈 즈음 남의 논을 부치던 응칠이 동생 응오가 추수를 해봤자 주인한테 도지 주고나면 아무것도 남을 게 없겠다는 생각에 자기가 농사지은 논의 나락을 몰래 훔치다가 형에게 들켰을 때의 난감함, 그리고 볼기짝을 후려갈기고 앞정강이를 맞아서 쓰러진 아우를 일으켜 등에 업고서 논둑길을 묵묵히 걸어가는 형제의 이미지와 겹치며 인간의 자존심을 빼앗기게 한 일제강점기 농촌의 가난한 현실을 되새겨보게 된다.

다시 논에서 올라와선 오솔길을 따라 서쪽으로 잣나무 숲을 지난다. 이 근처 어디쯤 백두고개가 있거니 상상하면서 유난히 바람이 시원한 잣나무 숲을 빠져 내려오면 증2리 마을이다. 산 아래 첫 집 마당에서 도리깨질을 하며 콩 바심을 하는 농부 부부의 모습을 보니 '찌르쿵! 찌르쿵! 찔거러쿵!' 하며 디딜방아 소리가 들리고 겨울이면 방 안에 메주 뜨는 쾌쾌한 냄새로 가득할 것 같은 덕돌이네 주막 마을이 바로 이곳일 것 같다. 김유정문학촌에서 만든 실레 이야기길 지도를 보니 역시 내 추측이 맞았다. 지도에 보면 마을 앞으로 팔미천이 흐르고, 강을 건너면 산골나그네의 물레방아터가 있다.

마을에서 팔미천 쪽으로 가봤다. '석벽을 끼고 깊고 푸른 웅덩이가 묻히고 넓은 그물이 겹겹산을 에돌아 나가는 강'으로 가면 덕돌이에게 받은 혼수품을 훔쳐서 병든 남편의 손목을 잡아끌며 강길로 도망치고 있는 다급한 산골나그네의 가쁜 호흡과 뒤쫓아 오는 덕돌이의 성난 목성이 들리는 것만 같다.

"똥끝이 마르는 듯이 계집은 사내의 손목을 겹겹히 잡아끈다. 병든 몸이라 끌리는 대로 뒤뚝거리며 거지도 으슥한 산 저편으로 같이 사라진다. 수은빛 같은 물방울을 품으며 물결은 산벽에 부닥뜨린다. 어디선가 지정치 못할 늑대 소리는 이 산 저 산 와글와글 굴러 내린다."

소설은 이렇게 끝난다. 계집이 사내의 손목을 잡으며 사라진 산 저편은 아마 내가 오전에 지나온 팔미리 마을 어디쯤이었을 것 같다.

이제 자전거는 다시 실레마을로 들어와 마을 한복판에 있는 경로당으로 향한다.

이곳은 김유정이 23살 때 보성전문학교 법과를 자퇴하고 실레마을로 다시 내려와 세운 야학당 금병의숙이 자리 잡았던 곳이다. 금병의숙 터 앞에는 작가의 뜻을 기리는 '김유정 기적비'와 큰 느티나무 한 그루가 서 있다. 금병의숙을 세울 당시 바로 곁에 느티나무를 식목했다고 하는데, 그 나무는 지금 고목이 될 정도로 우람하게 자라 있다.

금병의숙을 세울 당시 김유정은 스물네 살로 2년 전 처음 낙향할 때와 딴판으로 사람이 달라져 야학 일에 열중하면서 농촌계몽운동을 벌였다.

― '고향에 금병의숙을 세우다', 김유정문학촌 (http://www.kimyoujeong.org)

비록 짧은 기간이었지만, 이때의 경험이 소설가에겐 창작의 비옥한 밑거름이 되었을 것이다. 이듬해 1933년 서울로 올라간 김유정은 폐결핵을 진단을 받은 가운데서도 소설 창작에 몰두했다. 상경 직후인 1월 13일 소설 『산골 나그네』를 탈고했고, 8월에는 『총각과 맹꽁이』 그리고 1934년 『만무방』, 『소낙비』 등을 탈고하는 등 작가는 1937년 3월 죽기 전까지 5년 동안 소설 30편, 수필 12편. 일기 6편, 번역소설 2편을 남겼다.

단편집 『동백꽃』(삼문사)이 발간된 건 그가 죽은 지 1년 뒤인 1938년이다. 그의 사후 80년여 세월이 흐른 지금, 살아서는 고향사람으로부터 그다지 주목받지 못했지만 죽어서 고향 사랑을 듬뿍 받는 작가로 부활했다.

실레마을엔 여러 차례 자전거 여행을 했지만 동백꽃 피는 봄에는 어떻게 한 번도 방문을 못했다. 동백꽃은 해동 직후 이른 봄에 피는 까닭에 길이 미끄러울 것 같아서 매년 미루기만 했다. 내년 이른 봄쯤 금병산에 동백꽃이 알싸한 향기를 뿜으며 피기 시작할 때는 꼭 찾아보고 싶다. 서가 어디선가 꽂혀 있는 김유정 단편선을 꺼내 한 번 더 읽어본다면 더 좋겠지. 요즘은 쓰지 않는 토속어가 가득한 그의 소설을 읽다 보면 그 자체로도 즐거운 시간여행이다.

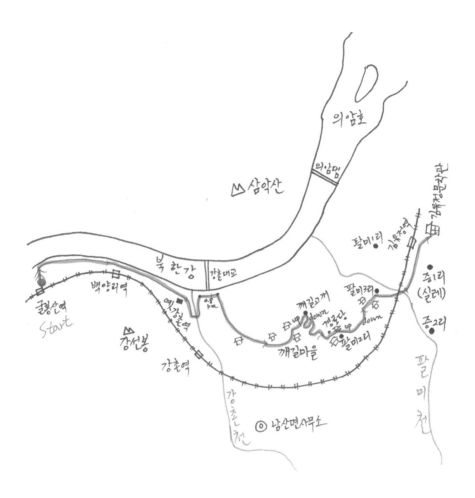

* 깨길고개 넘어 실레 이야기길로 (단위 km)

굴봉산역 – 10 – 옛 강촌역 (레일바이크역) – 0.8 – 깨길마을 입구 – 4.5 – 깨길고개 – 4 – (팔미2리 고개) –
김유정역 – 실레 이야기길

고인돌 질마재 따라 100리 길

고창 고인돌 질마재길

지금까지 나를 키워온 건 8할이 바람

"스물세 해 동안 나를 키운 건 팔 할이 바람이다"

미당 서정주 선생은 시 「자화상」에서 자신을 이렇게 표현했다. 바람을 가르며 달리는 자전거에 입문하며 여기 이 길목까지 달려온 내 인생 또한 팔 할이 바람이었다고 말해도 과장은 아닌 것 같다. 산, 들, 강. 길을 헤치며 억세게 여기에 달려오기까지 거센 바람의 시련, 그리고 고독과 방황이 있었다.

자전거 여행은 바람과 함께 하는 여행이다. 이번 라이딩도 산바람 들바람 맞으며 역사의 체온과 문학의 향이 흐르는 '고인돌 질마재 따라 100리 길'이다. 해가 짧아 전 구간을 다 탈 수는 없어 마지막 제4코스인 선운사 길은 생략하기로 했다.

제1코스: 고인돌길 (8.5km)

'고인돌 질마재 따라 100리길'은 고창 고인돌박물관에서 시작된다. 박물관에서 길을 따라 500여 미터 가면 양지바른 야산에 고인돌 수십 기가 떼로 모여 있는 고인돌 유적지가 있다. 고창에는 무려 1,665기의 고인돌이 분포하고 있다고 하니, 그 숫자로 모든 걸 압도한다.

고인돌 유적지에서 산꼭대기까지 가는 길은 포장이 돼 있다. 그다지 가파르지 않는 고개를 넘으면 비포장 임도다. 길 옆에는 올망졸망하게 가지에 매달린 빨간 찔레 열매와 하얗게 핀 구절초 꽃무리가 가을 풍경을 연출하고 있다. 조금 지나니 운곡습지가 있다. 그 주변으로 탐방로가 있다. 우리는 탐방로 대신에 그 옆으로 난 임도를 따라 달렸다. 탐방로는 발판 사이가 넓고, 폭이 지나치게 좁다. 자연을 훼손하지 않으려는 의도 때문일까? 자전거 못 들어가게 하려는 속 좁은 의도 때문은 아닐 테고. 역시 내 생각이 맞았다. 동물의 서식환경 훼손을 막기 위해 그렇게 만들었다는 안내판의 설명을 읽고선 그제야 이해가 갔다.

운곡습지는 1982년 영광 원자력 발전소에 용수를 공급하기 위한 운곡저수지가 조성된 후 생겨났다고 한다. 저수지 부지에는 편입되었으나 수몰되지 않은 계단식 논이 그냥 방치되면서 자연스레 습지 환경이 조성된 것이라고 한다. 운곡습지에는 환경부 멸종위기 야생동식물 3종(수달, 삵, 말똥가리)과 문화재청 지정 천연기념물 2종(붉은배새매, 황조롱이) 등 다양한 동식물이 살고 있다고 한다. 보존가치가 높은 운곡습지는 2011년 람사르 습지로 지정 등록됐다.

습지를 지나니 호수가 보인다. 호숫가에는 수몰되지 않은 집 몇 채와 보호수가 있고, 그 옆에는 운곡서원도 있다. 서원은 고풍스런 기와 대신 파란색 슬레이트 지붕이

이어져 있다. 운곡서원은 김제 · 김주 · 김숙자 · 김종직 등 선산 김씨 네 분의 학문과 덕행을 추모하기 위해 1797년에 세워졌다고 한다. 대원군의 서원철폐령 이후 훼철되었다가 1924년 후손들에 의해 복원됐다고 한다. 서원을 지나 호수를 따라 빽빽한 대숲 사이로 3~4킬로미터 정도 달려 만나게 되는 호변 옆 도로옆에 장살비재 고개로 가라는 이정표가 있다. 장살비재로 가는 길은 산길이다. 일행 중 다리가 조금 불편한 분이 있어 우리는 그 길을 포기하고 도로로 달렸다.

제2코스 : 복분자 풍천장어길 (9.9km)

2코스는 장살비재 이후부터 시작되는데 주로 강과 마을을 따라 길이 나 있다. 황금 들녘을 지나고, 마을을 지나 다시 도로를 따라 달리니 멀리 바위 하나가 보인다. 90도

수직암벽으로 김유신 장군의 전설이 깃들어 있다는 할매바위다.

둘레길 제2코스는 할매바위 가기 직전 오른쪽 길로 산을 넘어 반암리 마명마을로 연결되지만 우리는 도로를 따라 마명마을로 향한다. 마명마을에선 다시 둘레길과 합류하기 때문이다. 이후 둘레길은 반암마을과 호암마을을 지나 풍천장어로 유명한 인천강 옆을 지나게 된다. 이어서 미당 문학의 이야기가 숨 쉬는 질마재로 연결된다.

호암마을 솔개재에 안내판 하나가 눈에 들어온다. 이 지역 출신의 인물에 대한 언급이다. 일반인에겐 생소한 백남운이라는 인물인데, 그는 일제강점기 『조선사회경제사』를 지은 경제학자이다. 그는 우리 역사를 사회주의적 관점에서 원시공동체, 노예제, 아시아적 봉건사회로 구분하는 등 우리 경제사학의 개척자였다. 해방 후 월북한 까닭에 남한에선 금기되어온 인물인데, 그의 고향사람에게 외면받지 않았다.

고창은 수많은 인물을 배출했다. 동리 신재효, 녹두장군 전봉준, 인촌 김성수, 미당 서정주 등 '고인돌 질마재 따라 100리길'은 이들의 흔적을 따라가는 길이기도 하다. 동학교도들의 행적을 따라가는 순례의 길이요, 판소리 이야기를 찾아가는 노래의 길이요, 미당 선생을 만나러 가는 문향의 길이다.

제3코스 : 질마재길 (11.4km)

인천강의 강폭이 제법 넓어지기 시작하는 연기교에 이르러 '고인돌 질마재 따라 100리 길' 제3구간에 접어든다. 제3코스는 연기교 부근에 있는 산림경영모델 숲 입구에서 능선을 따라 오르다가 임도를 따라 고개로 향하는데 자전거로도 굳이 못 갈 것은 아니지만, 체력안배를 위해 연기 저수지 제방을 경유하는 임도 코스를 택했다. 길이 조금 가파르다. 뜨거운 뙤약볕을 등지고 4~5분여, 오르막이 끝나고 푸른 물 가득한 연기

제 저수지의 둑길을 지난 뒤, 옹달진 길바닥에 펄썩 주저앉았다. 오후 시간인데도 풀이 이슬을 머금고 있다. 여기서부터 소요사 입구가 있는 고갯마루까지는 약 4킬로미터다. 모처럼 지난한 업 힐이 우리를 기다리고 있다. 무리만 하지 않는다면 어렵지 않게 오를 수도 있다.

반 시간 넘게 페달을 밟아 고개에 다다랐다. 정자가 있어서 쉬어가기 좋다. 다시 내리막길. 약 1킬로미터 경쾌하게 내려가니 질마재길 이정표가 보인다. 이정표를 따라 왼쪽 산길로 난 질마재길 고개로 오른다. 질마란 소나 말의 등에 얹는 운반 도구인 '길마'의 사투리다. 이 고개가 기역자처럼 생긴 질마의 모양세를 하고 있어 질마재 고개로 불리는 것 같다. 고창 질마재는 부안면이나 고창읍에서 선운리로 가려면 반드시 넘어야 하는 고개다. 이 고개는 서해의 해산물과 내륙의 농산물간 교역 통로였다. 곰소만 해풍과 고창의 내륙풍도 이 고개에서 만날 것이다. 지세형국으로 봐서 바람도 심할 것 같다. 스물 세 해 동안 자신을 키워온 것의 팔 할이 바람이었다고 미당은 그렇게 우연히 노래하지는 않았을 것이다.

어머니가 급병이 나서 30리 밖에 가서 계시는 아버지한테 알리러 달려갔던 산협길, 아버지의 하얀 무명저고리 한쪽 끝을 움켜잡고 맑고 밝은 달빛에 서리가 오는 쓸쓸한 밤에 아버지를 모시고 돌아왔다고 묘사한 시 「서리 오는 달밤 길」에서 적시한 산협 길도 바로 이 질마재 고갯길이었을까? 질마재를 넘으며 시인을 생각한다.

미당 시의 소재가 되고 영감을 준, 미당 시의 산실과 같은 질마재 옛길인데, 답사객이 그다지 많이 오지는 않은 듯하다.

시인의 마을 선운리

이곳 질마재 고개엔 수많은 민초들의 삶의 모습이 시에 남아 증언하고 있다. 놋쇠 요령 흔들며 상두꾼 노래하는 질마재 상가수, 박꽃 피는 저녁 시간 흥부네 같이 겉보리쌀마저 동나버린 이웃, 마흔에도 눈썹에서 쌍긋한 향이 스며날 만큼 예뻤던 감나무 집 과부 어머니, 마을 사람들에게 밥을 빌어먹고 살 권리를 얻은 앉은뱅이 재곤이, 침향을 만들려고 참나무 토막들을 하나씩 하나씩 들어내던 질마재 사람들…. 미당은 질마재를 근거로 삶을 이어오던 고향 사람들의 이야기를 시집 『질마재 신화』에서 엮어두었다. 궁핍한 상황에서도 마음씨까지는 훼손되지 않는, 인간적 가치를 지키는 모습을 노래했다.

"가난이야 한낱 남루에 지나지 않는다.
저 눈부신 햇빛 속에 갈매 빛의 등성이를 드러내고 서 있는 여름 산 같은
우리들의 타고난 살결 타고난 마음씨까지야 다 가릴 수 있으랴."

미당은 사람들에 대한 따뜻한 시선을 지니고 있다. 질마재 고개를 내려와 선운리로 가는 골목길, 해는 뉘엿뉘엿하고 라이더는 그림자를 드리우며 앞서서 달리고 있다. 솟대를 지나고, 고목 옆을 지나며 미당의 생가로 향한다. 오른쪽 방향 멀리 언덕에 노오란 국화꽃이 무더기로 피어 있다. 미당의 묘 주변에 심은 국화꽃이 미당 시문학제에 맞춰 활짝 피어 있다. 돌담 너머 초가 두 채, 복원된 미당의 생가에 도착했다. 마당에 들어서니 숱 많은 머리털과 커다란 눈을 한 어린 아이 서정주의 얼굴이 오버랩된다.

"해가 지면 이 마당에 멍석을 깔고 온 식구가 모여 앉아 칼국수를 먹었네.
먹고선 거기 누워 하늘의 별 보았네. 희한한 하늘의 별 희한스레 보았네."

눈이 부시게 푸르른 하늘의 가을, 산길 넘고 들길 따라 백리길 여행을 마치며 그리움에 대해 생각해본다. 자전거 여행은, 이토록 푸르며 절실한 그리움의 끝을 찾는 것일까.

고창 고인돌 유적지

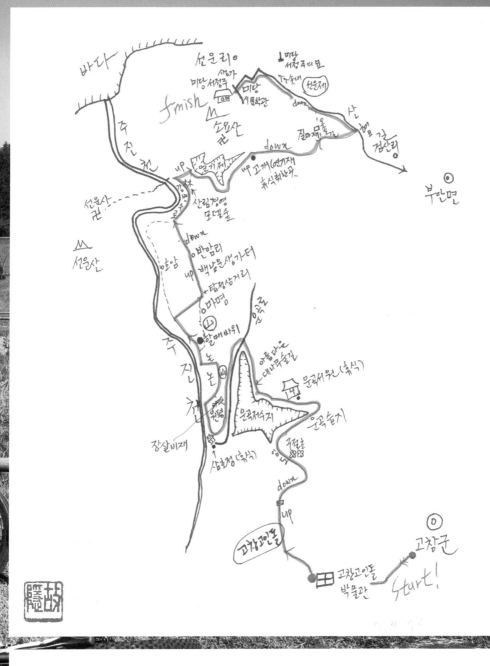

* 고창 고인돌 질마재 따라 100리 길 (단위 km)

고창읍 – 5 – 고인돌 박물관 – 4.5 – 운곡서원 – 8 – 할매바위 – (반암리, 산림경영 모델숲) – 7.5 – 연기제 –
2.5 – 연기고개 – (질마재) – 3 – 미당 시인의 생가, 문학관

네 번째 자전거 여행

행복을 찾아가는 길

서울·과천, 우면산 - 경기광주역 인근 5산 - 경주 - 양양 디모테
오 순례길 - 횡성 태기산·청태산 - 군산 구불길 - 강릉 대기리 설원

서울·과천 우면산

100번을 오르고도 또 오르고 싶은 산

보고 또 봐도 즐겁고 처음처럼 짜릿한 느낌. 사랑하는 마음이다. 나는 요즘 산악자전거와 행복한 연애를 하고 있다. 그것도 십 몇 년째. 100번을 타고 또 타도 그 느낌이 늘 새롭다.

사람들은 산악자전거를 언제부터 타게 됐을까? 그 역사는 의외로 짧다. MTB의 최초 고안자는 게리피셔라는 미국의 한 청년이었는데, 그가 1974년에 고안한 자전거가 MTB 제1호라고 한다. 그는 당시 캘리포니아주 마린 카운티(Marin County)에 있는 델머 페이 산을 내려오기 위해 기존 자전거에 다단 변속기를 달고 두꺼운 바퀴에 강력한 성능을 갖춘 브레이크와 일자형 핸들을 갖춰 산에서 타기 적합하도록 자전거를 개조했다.

– 『파워 산악자전거』, 정상섭, 1995, 삼호미디어, 『재미있는 자전거 이야기』 장종수, 2011, 자전거생활.

그 뒤 1977년 그의 친구 조 브리즈가 세계 최초로 MTB 전용 프레임을 만들었다고 한다. 이 자전거에는 게리피셔 자전거에 없던 18단 변속기도 장착한 것이 큰 발전이다. 이후 MTB는 계속해서 진화했는데 특히 알미늄, 티타늄, 카본 등 다양한 소재의 프레임과 변속기, 크랭크, 브레이크, 서스펜션 등 부품이 개발되었다. MTB는 지금도 계속 진화하고 있다.

MTB가 우리나라에 처음 들어온 건 1980년대 중반 무렵이라고 한다. 1986년경 가수 김세환씨가 미국에 갔다가 산악자전거를 사갖고 들어와서 타기 시작하면서 우리나라도 서서히 MTB 라이더가 생겼다는 것. 김세환 씨가 당시 사갖고 온 것은 앞 3단, 뒷 7단 기어가 달린 스캇에서 나온 볼더(Boulder)라는 크로몰리로 만든 자전거였다. 이후 그는 틈만 나면 우면산을 MTB로 올랐고 그의 권유로 MTB를 입문한 사람도 많이 늘어났다고 한다.

— 자전거생활, 2019. 8. 27, http://www.bicyclelife.net/news/

작지만 다양한 길, 다양한 코스의 우면산

높이 283미터, 그저 밋밋한 도시의 산에 불과한 우면산에 지금껏 100번 이상 자전거를 타고 누볐지만 난 여전히 싫증나지 않는다.

한의사의 권유로 우연히 시작한 자전거. 주중에 퇴근해서 야간에 두어 번, 주말에 한 번, 그래서 최소 주 3일을 탔다. 서쪽으로 행주대교, 동쪽으로 청담대교까지. 주말엔 안양천 따라 백운호수로, 중랑천 따라 수락산 박세당 고택까지 달렸다. 죽전을 지나 구성까지 갔다가 당일 주행거리 100킬로미터를 채워보려고 분당 율동공원을 들어갔다 나오기도 해보고…

2007년, 본격적인 자전거 입문 3년차에 임도를 처음 접했다. 수리산 임도, 문형산 임도, 산음 휴양림 임도, 당림리 임도, 강촌 챌린지 코스, 미동산 임도, 함백산 임도, 백암산 임도…. 한강 자전거 도로 같은 편안한 길은 더 이상 흥미가 사라졌다.

2010년 나의 산악자전거 이력에 '싱글길' 라이딩이 더해졌다. 싱글길이란 바퀴 하나가 겨우 지날 만큼 좁은 오솔길, 이른바 싱글트랙 트레일(singletrack trail)이다. 그러나 오랫동안 자전거를 타다 보면 모든 길에는 다 장단점이 있다는 사실을 깨닫게 되었다. 다만 아직까지 나는 급격한 다운 힐(super down hill)은 망설이고 있다. 운동신경도 그다지 뛰어나지 않는데 자칫 몸이라도 다치게 되어 이 좋은 취미를 영원히 할 수 없게 될 것을 우려해서다.

내게 딱 맞는 곳이 우면산이다. 우면산은 도심에 가까워 접근성도 좋고, 숲길도 다양해서 오래전부터 MTB 라이더들에게 성지와 같은 곳이다.

산은 나지막해 보여도 코스가 의외로 다양하다. 등산객들은 예술의 전당 쪽인 우면산 북쪽에서 주로 산행을 하기 때문에 주능선과 과천쪽 남부 능선에는 등산객들과 마주칠 일이 비교적 적어서 MTB 라이더들이 마음 놓고 탈 수 있다. 게다가 자전거를 탈 수 있는 다양한 길이 있다. 숲길, 꽃길, 자갈길, 돌길, 바위길, 계단길…. 그리고 업 힐 연습하기 좋은 시멘트 도로도 있고, 계단과 작은 바위 등 다운 힐을 즐길 수 있는 곳도 있다. 도심지 가까운 곳에서 자연 속으로 길게 뻗은 숲속으로 바퀴를 굴릴 수 있다는 것은 라이더들에게 더 없는 축복이다.

코스는 각자 교통편에 따라 다양하게 선택하면 된다. 4호선 전철을 이용할 경우 남태령역이나 선바위역에서 내려 라이딩을 시작하면 좋고, 양재천으로 자전거를 타고 올 경우 공군부대 입구의 송동마을을 주된 들머리로 삼는다. 편도로 탈 수도 있고, 아쉬우면 왕복 코스를 타도 좋다. 그러나 편도 코스가 짧기 때문에 대개는 몇 가지 코스를 추가로 엮으면 3~4시간 정도 즐길 수 있다. 우면산 라이딩 코스는 다음과 같다.

1) 공군부대 입구를 들머리로 하는 코스 (약 6.5km)

군부대 시멘트도로 – 군부대 직전 왼쪽 등산로 – 전망대(쉼터) – 남쪽 능선(시멘트 도로 옆 상부능선) – 사잇길 – 주능선 – 삼거리 – 과천루 직전 좌회전 – 오솔길 – 무덤 – 선바위역

2) 남태령역을 들머리로 하는 코스 (약 5.5km)

남태령역 –과천루 – 주능선 – 삼거리 – 헬기장(반환점) – 주능선 – 약수터 윗길 – 선바위역

3) 선바위역을 들머리로 하는 코스 (약 5.5km)

선바위역 – 선바위미술관 – 물애비 약수터 – 약수터 위 오솔길 – 주능선 – 사잇길 (사이길) – 시멘트도로 옆 하부 능선 다운 힐(군부대 입구)

4) 왕복코스를 탈 경우 (약 12km)

선바위역 – 선바위 미술관 – 물애비 약수터 – 약수터 위 오솔길 – 주능선– 사잇길 – 시멘트 도로 옆 하부능선 다운 힐 – 군부대 입구에서 시멘트 도로 업 힐 – 전망대 (쉼터) – 남쪽 능선(시멘트 도로 옆 상부능선) – 사잇길 – 주능선 – 삼거리 – 과천루 직전 좌회전 – 오솔길– 무덤 – 선바위 미술관 – 선바위역

그밖에 여기서는 소개하지 않은 다운 힐 등 몇 가지 변형 코스가 추가하면 거의 왕복 10킬로미터 이상 나온다. 이만하면 손색없는 MTB 코스다.

우면산은 계절마다 끌림도 다르다.

겨울철 눈 내린 날 자전거 끌고 산에 오르면 추위도 잊게 되어 동심의 세계로 돌아갈 수 있게 되고, 진달래꽃 아카시아 꽃 피는 봄철 향기로운 오솔길을 따라 달리면 청춘으로 되돌아가는 환상으로 힘이 솟구치며, 이마에 쉴 새 없이 땀이 흘러내리는 여름철 산 위에서 부는 바람 시원한 바람, 그 바람의 맛으로 자전거를 굴리고, 알밤과 도토리가 지천으로 떨어지는 가을철 형형색색 낙엽 위로 바퀴를 굴릴 때 호젓한 산길에서 듣게 되는 낙엽 바스락거리는 소리에 몰입되면 세월 가는 것도 잊게 되고……

우면산의 사계를 라이딩 하면서 느낀 감성이다. 수없는 업 힐에 젖산이 쌓여 근육의 피로도가 최고조에 달할 즈음 라이딩을 마쳐야 하는 시간에도 "아! 아쉽다." 그런 느낌. 하루에 수백 리를 타더라도 그건 매한가지 같다. 자전거로 누리는 행복! 주말의 일탈, 행복할 것이라는 예감으로 내일도 나는 백가지 약속을 미루고 또 산으로 떠난다.

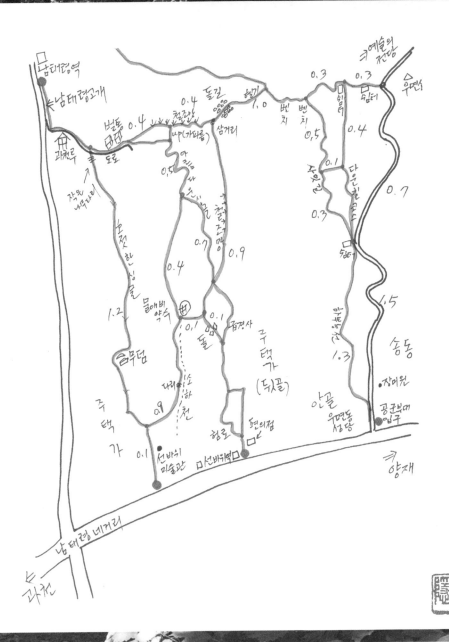

* 우면산 산악자전거 길 (단위 km)

공군부대 입구 – 주능선 – 과천루 – 선바위역 : 6.5
남태령 – 과천루 – 주능선 – 헬기장 반환 – 물애비 약수터 – 선바위역 : 5.5
선바위역 – 물애비 약수터 – 주능선 – 공군부대옆 능선 다운 힐 : 5.5
선바위역 – 주능선 – 공군부대 다운 – 시멘트길 업 힐 – 주능선 – 과천루 – 선바위역 :12

삼태기산 정상

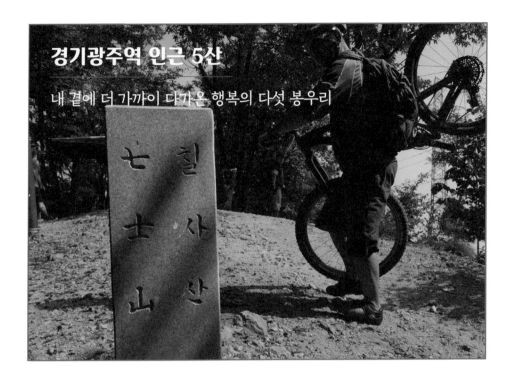

경기광주역 인근 5산
내 곁에 더 가까이 다가온 행복의 다섯 봉우리

수도권 전철역 인근에는 산악자전거를 탈 수 있는 싱글 트랙이 즐비하다. MTB 싱글 트랙은 대개 등산로다. 등산로 중에도 오르막, 내리막이 적절히 섞여 있되, 오르막은 짧고 내리막은 길어야 라이딩이 재미가 있다. 그리고 적당히 바윗돌도 있고, 적당한 격차의 드롭 구간도 있어야 재미있다. 그러나 등산객이 너무 많아도 불편하다.

이런 요건을 충족하는 곳이 분당선 구간의 불문영(불곡산, 문형산, 영장산의 총칭), 광교산 자락의 우담산과 바라산, 성지코스, 용인의 마구산, 시흥의 학미산과 망재산, 경원선 쪽의 도락산, 천보산. 경의선 쪽의 아마존 코스, 대니 코스(화정역 인근), 중앙선 쪽으로는 고 최진실의 묘가 있는 양수리 갑산공원 묘지에서 북한강으로 이어지는 두물머리 능선과 양평 물소리길, 경기광주역 인근에 백마산, 칠사산 등이 대표적이다.

백마산과 국수봉

백마산, 칠사산 그리고 퇴촌 일대 삼태기산 등 나지막한 산들을 품고 있는 경기도 광주는 최근까지는 대중교통이 다소 불편해 쉽게 갈 수 없었다. 그러나 2016년 여주까지 가는 경강선 전철이 개통된 이후 사정은 달라졌다. 경기광주역은 분당선 이매역에서 10분 남짓이면 도착할 수 있기 때문이다. 경강선 개통으로 부쩍 자주 가게 된 곳이 백마산, 칠사산 등 광주 동부에 있는 산들이다.

이번에는 백마산 싱글 등 몇 가지 코스를 엮어 탈 계획으로 경강선에 몸을 실었다. 백마산 라이딩은 광주역이든 초월역이든 어디에서 내려서 시작해도 무방하다. 광주역에서 내릴 경우 경안천 자전거 길을 따라가다가 다리를 건너 양벌리 마을에서 산으로 올라가면 되고, 초월역에서 내릴 경우 초월읍사무소 뒤로 올라가면 백마산 주능선에 오를 수 있다. 이렇게 할 경우 백마산 정상은 생략하게 된다. 힘을 들여 정상에 올라가도 되지만 정상에서 내려올 때 계단도 있어서 들인 품에 비해 만족도는 그리 높지 않기 때문이다. 정상을 포기하더라도 싱글길이 4킬로미터나 되니 아쉬울 것은 없다.

백마산 능선 길은 전반적으로 내리막이지만, 오르막 내리막을 몇 번 반복해야 한다. 그러나 오르막은 짧고, 내리막이 더 긴 편이라 업 힐의 수고로움은 상쇄된다. 게다가 여긴 등산객이 그다지 많지 않아서 좋다. 이따금 만나는 등산객들이 우리를 보고 힘 좋다며 한마디씩 거들기라도 하면 그 덕분에 라이딩은 더 신명이 난다. 길은 여름 호우에 토양이 쓸려 내려가면서 돌이 많이 돌출되어 있어 거칠다. 적당한 높이의 턱이나 드롭은 기술적으로 통과하면 그만이다. 그런 곳에선 스릴을 더 느끼게 된다. 자전거 타는 길은 조금 험할수록 재미가 더 좋다.

경안천 자전거길(광주시)

백마산 코스가 싱글 라이더에게 좋은 건 인근에 산 몇 개를 더 엮어 탈 수 있다는 점 때문이다. 쌍령동 뒷산인 국수봉(해발 260미터)을 타거나, 광주고등학교쪽 칠사산(해발 361미터)을 더 탈 수도 있다. 체력이 남는다면 세 곳을 다 탈 수 있다.

이번에는 체력 부담 때문에 백마산과 국수봉만 타기로 했다. 백마산 주능선을 다 타고 내려와서 도로를 따라 오른쪽으로 1.5킬로미터 정도 더 올라가서 산자락 아래 맨 마지막 아파트의 옆길로 오르면 국수봉 등산로로 이어진다. 국수봉은 능선이 남북방향으로 이어져 있다. 처음에는 비교적 오르막이 길다. 능선길을 쭉 달리다 보면 맨 끝 지점에 국수봉 정상이 있다. 정상에는 정자가 있어 광주시 전경을 넓게 내려다볼 수 있다. 일행 한 분은 정자에 앉아 스마트폰에 저장해둔 김훈 작가의 『자전거 여행』 한 구절을 읽어준다.

자전거를 저어서 나아갈 때 풍경은 흘러와 마음에 스민다.

스미는 풍경은 머무르지 않고

닥치고 스쳐서 불려 가는데, 그때 풍경을 받아내는 것이

몸인지 마음인지 구별되지 않는다.

나는 몸과 마음과 풍경이 만나고 또 갈라서는

그 언저리에서 나의 모국어가 돋아나기를 바란다.

『자전거 여행』은 오래전에 출간된 책이지만, 언제 읽어도 마음의 울림이 있다. 라이더에게 오랫동안 회자되고 있다. 작가는 '자전거를 저어간다'고 묘사하는데, 여유가 느껴지는 대목이다. 안장에만 오르면 '목숨'을 걸다시피 질주만 하는 일반 라이더들에 비하면 작가의 라이딩에는 여유가 느껴진다.

　전속력으로만 달리면 풍경이 편안하게 들어오지 않는다. 김훈 작가처럼 풍경이 마음에 스미게 하려면 자전거를 저어 가듯 천천히 타야 할 것이다. 자전거는 운동이자 여행의 도구인데 나이가 들어갈수록 나는 후자의 관점에 이끌리게 된다. 라이딩 중 스치는 풍경은 시각, 청각, 후각, 촉각으로 내 몸 안으로 들어와선 어느샌가 마음에 들어가 박힌다. 몸과 마음과 풍경이 만나는 그 언저리에 나의 모국어도 돋아나길 바란다면 지나친 욕심일까. 내 힘으로 굴리는 바퀴가 지면에 닿으면서 공간 이동이 이뤄지면 풍경은 스크린에 흐르듯 쉼 없이 변하고, 그 시각적 코드가 뇌를 활성화하면서 더 깊은 사색의 심연으로 빠지게 된다. 이럴 때 느끼는 희열이 있어 산으로 들로 자전거 바퀴를 굴리는지 모를 일이다. 자전거는 분명 내게 행복을 주는 장난감과 같은 도구다.

　정자에서 휴식을 마치고 돌아 나오는 길에 국수봉에 대한 설명이 적혀 있는 자그마

한 기념비가 눈에 띈다. 국수봉은 말 그대로 나라를 지키는 봉우리라는 뜻이다. 병자호란 때 인조가 남한산성에 고립되어 있을 때 그곳으로 들어가서 힘을 보태려던 영남의 1만 병사가 청군에 맞서 분투했지만 여기서 그만 청군에 대패했다고 한다. 그런 역사를 기억하라는 뜻에서 세운 기념비가 있지만, 늘 빠듯한 일정으로 우리는 행간의 의미만 느끼고선 하산을 한다.

국수봉 정상에서 왔던 길로 되돌아 나가면 등산로 삼거리가 나오는데 여기에서 왼쪽 길을 택한다. 이제부터는 지금까지 길과 달리 완전한 내리막길이다. 폭이 제법 넓어 내리쏘기에도 좋다. 하산지점까지 약 1킬로미터. 짧지만, 짜릿한 기분을 느끼기에 부족함이 없다. 줄행랑치듯 내리달리다 보면 지금까지 오르막 올라갈 때 흘린 땀과 고통을 일거에 보상받고도 남는다. 제대로 타려면 칠사산 하나가 더 남아 있지만, 오늘은 여기까지.

칠사산

지난주 '백마산-국수봉' 라이딩의 여흥이 채 가시지 않은 상태에서 2주 연속 광주의 산을 오른다. 이번 라이딩도 경기광주역에서 시작한다. 칠사산을 먼저 타고나서 퇴촌의 산 2개를 연속해서 타는 일정이다.

동호인 모임에서는 통상 산 2개 정도 타고나면 밥 먹고 술 한잔하며 라이딩을 끝내는데, 산 3개를 탄다고 밴드에 공지해서 그런지 댓글이 거의 달리지 않았다. 별로 빡세지 않은데….

오전 8시 30분. 안개가 옅게 낀 광주천변을 따라 자전거는 광주고교로 향한다. 여기서 칠사산 정상까지는 약 1.5킬로미터다. 중간에 칠보사라는 절이 있다.

절까지는 아스팔트길이다. 어느 정도 체력만 있으면 단번에 오를 수 있다. 일행 중 한 분이 진작부터 먼저 치고 올라갔다. 그는 백마산 무정차 업 힐을 가뿐히 할 정도로 체력과 기술이 좋으니 칠사산 무정차 업 힐 정도는 식은 죽 먹기일 것이다. 선두가 어떻게 가든 나는 다른 일행 한 분과 말동무하면서 느긋하게 자전거를 끌고 올라간다. 가다가 쉬었다 가고, 힘 들이지 않고 오르니 금세 정상이다.

칠사산, 왜 칠사산이지? 이름에서 다양한 억측을 자아낸다.

"일곱 마리 뱀이 살고 있어서 칠사산?"
"일곱 선비가 살고 있는 산이라서 칠사산?"
"일곱 개 사찰이 있다고 해서 칠사산?"

칠보사에 있는 안내문이 바로 정답을 말해준다. 칠사산에는 7개의 봉우리가 있는데, 각 봉우리마다 7개의 절이 있어서 칠사산이라는 것. 그러나 여기에도 갑설, 을설이 있다. 고려 말에 7명의 선비가 이 산에 은거해 시를 짓고, 나무를 하고, 고기를 잡으면서 살았다고 해서 칠사산으로 부르게 됐다는 설도 있다. 일곱 봉우리마다 절이 있었든, 7명의 선비가 은거해 있었든 예전엔 이곳도 깊은 산중이었던 것만은 분명하다.

칠사산 정상에선 두 가지 하산 길이 있다. 북쪽 능선으로 내려 거거나 동쪽 능선으로 내려갈 수도 있다. 북쪽보다 동쪽 길이 조금 긴 편이다. 우리는 동쪽으로 향했다. 이어지는 삼태기산 코스와 연결하기 쉽기 때문이다.

동쪽 등산로는 길이가 3.5킬로미터인데, 등산객도 자전거족도 없어 호젓하다. 하지

칠보사

만 길은 그다지 만만치 않다. 바라산 내리막길에서처럼 크고 작은 뾰족한 자갈돌이 땅에 박혀 있어서 타이어가 돌에 찍힐 수도 있다. 결국 타이어가 찢어지고 튜브에 펑크가 났다. 산길에서 펑크는 다반사라 그다지 큰 문제가 될 건 없지만, 그런 일이 생기면 시간도 지체되어 라이딩에 차질이 생길 수 있다.

삼태기산

칠사산 다운 힐이 끝나는 지점은 초월읍 서하리이다. 서하리는 해공 신익희 선생이 태어난 곳이다. 신익희 선생은 1894년생으로 임시정부의 내무총장, 법무총장, 외무부장 등을 역임했고, 해방 후 제헌의회 국회의장을 지냈다. 1955년에 민주당을 창당, 이듬해 이승만에 맞서 민주당 대통령 후보로 유세를 가던 중 심장마비로 급사했다.

수도권 지역엔 인물이나 역사유적이 많아서 그런지 소소한 향토사에 대해선 그다지

삼태기산

관심이 크지 않은 것 같다. 그저 그런 인물 한 명만 있어도 스토리텔링을 하면서 역사적 자산으로 자랑을 삼는 뭇 지자체와는 조금 다른 것 같다. 서하리 마을엔 그의 생가가 보존돼 있지만 자그마한 안내 표지판만 몇 개만 있을 뿐이다.

비닐하우스로 가득한 서하리 앞 농로를 따라 나가면 경안천 옆으로 자전거도로가 나 있다. 경안천을 가로지르는 낮은 교량 위를 질주하듯 달려 나가면 토마토 재배지로 유명한 정자말이다.

이어서 퇴촌 방향으로 쭉 가다가 오르막에서 땀을 조금 흘릴 만하면 고개 정상이다. 도로를 건너 절개지 사이에 놓인 가파른 계단으로 올라가면 머지않아 4킬로미터에 달하는 삼태기산 싱글길이 이어진다.

삼태기란 곡식이나 낙엽과 같은 쓰레기를 쓸어 담아서 나르는 옛날 농기구인데 생김이 꼭 U자 모양이다. 지도를 보니 이 삼태기산은 좌우로 뻗어 내린 능선이 삼태기의 태두리 모양처럼 U자 형을 하고 있다. 그 U자형 산길이 오늘 내가 타게 될 코스다.

등산로 초입에서부터 오르막길을 한 5분 정도 올라가면 이어지는 등산로는 비단길이다. 계속 달리다가 삼거리에서 왼쪽 길로 올라가면 삼태기산 정상이다. 정상에는 운동시설이 있고, 비를 막을 수 있는 가건물도 있다. 산 아랫마을에서 올라온 어느 분이 데리고 온 강아지가 우리를 보더니 꼬리를 흔들며 졸졸 따라 붙는다. 사람이 그리웠는지…. 이곳엔 그네가 두 개 있다. 그네에 올라 발을 굴러본다. 뛰는 요령이 부족한 탓인지 그네가 문제인지 아무리 굴러도 그네는 높이 올라가지 않는다. 그네 아래에는 가파른 절벽이다.

충분한 휴식을 취한 탓인지 하산은 더욱 신난다. 하산 길은 몇 갈래가 있는데, 퇴촌 농협 표지판만 보고 달리면 된다. 그 길이 퇴촌으로 가는 가장 긴 등산로이다. 삼태기산 정상에서 퇴촌 광동리까지 거리는 2킬로미터 정도인데 오르막은 한 번도 없다.

호박골에서 절골까지

삼태기산에서 하산해 광동리에서 관음리까지 약 3킬로미터는 도로 라이딩이다. 관음 보건소 앞에서 우회전해서 다리를 건너면 호박골이다. 오늘의 싱글 제3구간은 호박골에서 시작해서 절골로 끝난다.

마을이 끝나고 곧게 뻗은 침엽수림 사이로 비포장길이 이어진다. 어느새 내 몸은 나무의 향기를 더 맡기 위해 콧구멍을 더 벌리고, 숲속에서 나는 작은 소리 하나라도 더 들으려고 귀는 더 쫑긋해지는 것 같다. 평화로운 자연에 몸은 무장해제가 되는 듯하다. 어느 문중에서 만든 정자 옆으로 쭉 올라가니 잣나무 숲이 하늘을 가리고 있다. 삼림욕을 즐기는 캠퍼들도 꽤 있다. 길은 잣나무 아래로 쭉 이어진다.

누군가 스티로폼으로 만든 간이 의자가 놓인 삼거리에서 오른쪽 길을 따라 조금만 올라가면 능선으로 가는 아름다운 오솔길이 있다. 길 옆으로 펜스가 쳐져 있어 자전거를 안심하고 탈 수 있다. 능선에 오르면 좁고 긴 오솔길이 길게 이어진다. 몇 군데 갈림길이 있지만 관음 1리 마을회관 표지판을 보고 따라 달리면 가장 길게 탈 수 있다. 이곳에도 등산객은 거의 없다.

홀로 이 산을 타고 있으니 산을 공짜로 전세 낸 기분이다. 길은 몇 군데 업 힐이 있지만, 전반적으로 내리막길이다. 숨이 좀 찰 만한 곳에 벤치가 있어 잠시 숨을 고르고 나면 다시 길게 이어지는 오솔길…. '야호!' 하며 내리쏘다 보면 그럴 때마다 느껴지는 기쁨은 어찌 말로 다 설명할 수 없다. 초원을 달리던 호모 사피엔스의 DNA가 내 몸에 흐르고 있는 것일까. 유라시아 초원을 누비던 기마민족의 피가 내 몸에 흐르고 있는 것인가. 숲에만 오면 기분이 좋아지고, 숲길을 만나면 내달리고 싶은 욕망! 본능이 아니라면 달리 그 이유를 설명할 방도가 없다.

오솔길이 끝나고 절골마을을 지나 아까 삼태기봉 초입의 언덕에서 내리막 길을 타면서 찍힌 내 자전거의 속도계는 시속 55킬로미터! 직진 주행성이 좋은 자전거 덕분인가? 그러나 과속은 금물!

다음 주말에도 어디론가 라이딩을 하러 떠나겠지. 그런 희망을 갖고 주어진 한 주의 일에 최선을 다하자. "열심히 일한 당신, 떠나라!" 하지 않았던가.

퇴촌으로 향하는 경안천 자전거 길

국수봉 정상에서 본 광주 시내

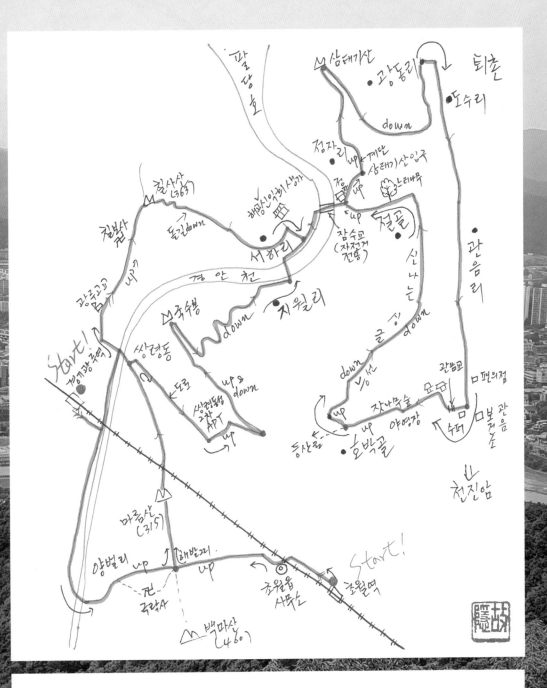

* 경기광주역 5산 (단위 km)

백마산(경기광주역(혹은 초월역) – 백마산 능선 마름산 – 쌍령동 : 7

쌍령동 – 4.5 – 국수봉 – 2.5 – 지월리

광주고교 – 2 – 칠사산 – 3.5 – 서하리 – 2.5 – 삼태기산 입구(고개) – 1 – 삼태기산 – 2.7 – 광동리 – 3

– 관음보건소 – (호박골) – 2.3(주능선) – 3 – 절골 마을

경주

천년고도 자전거 타고 수학여행

많은 사람들의 기억에서 수학 여행지 경주는 그렇고 그런 여행지 중의 하나다. 그러나 우연히 경주로 여행을 가게 되었을 때, 나는 뜻밖에 경주를 사랑하게 됐다.

요즘 중년 세대 사이에서 옛날 검은 교복을 입고 불국사 앞에서 단체사진을 찍으며 추억의 수학여행을 다녀오는 것이 유행처럼 번지고 있다. 그건 중고교 시절 수학여행의 추억이 그립기 때문이기도 하고, 그 시절의 청춘으로 돌아가는 느낌이 좋아서이기도 하다. 그러다 보면 내 기억의 경주와 달리 경주가 아주 좋은 여행지라고 깨닫게 되는 것 같다. 서서히 나이를 먹어 가고 있다는 증거다.

경주에는 신라왕조 천 년의 역사가 있고, 왕조 이후 또 천년의 세월이 얹혀 있다. 왕조의 유물은 수없이 발굴되었는데, 발굴은 현재진행형이다. 우리 문화의 원형질이 묻혀 있는 역사도시가 경주다.

그러나 이름난 관광지일수록 짜증스러울 수 있다. 관광객에게 치어서 여행의 기분을 망칠 때가 있기 때문이다. 특히 벚꽃 철에 차를 운전해 경주로 갔다간 시내에 들어가기 전부터 길에서 시간을 허비하고, 주차할 자리 찾느라 또 시간을 보내고…. 그러나 여행지에서의 교통수단이 자전거라면? 상황은 달라진다. 천년 고도로 자전거를 타고 수학여행! 아주 느낌 좋은 콘셉트 아닌가!

반월성에서 계림을 지나 교동마을로

경주박물관 제2주차장에 도착해 자전거를 차에서 꺼내고, 간단히 몸을 풀고 나서 반월성을 향해 달렸다. 반월성은 신라 4대 왕위를 오른 석탈해가 잔꾀를 내서 왕궁 터로 삼았다고 하는 곳이다.

반월성은 지난해 왔을 때도 발굴 중이더니 지금도 펜스가 쳐져 있다. 신라시대 얼음창고로 쓰였다는 석빙고를 지나 반월성을 반 바퀴 돌고서 오른쪽 아랫길로 내려갔다. 가까운 곳에 첨성대가 있지만, 이따가 돌아올 때 들리기로 하고 계림 옆을 지나 교동으로 갔다. 교동은 경주향교가 있는 마을이다. 향교 옆 300년을 이어온 거부 경주최씨 종택이 우리가 잠시 들를 장소다.

어른들 말씀에 "3대 가난이 없고, 3대 부자가 없다."라고 했는데 경주최씨 집안은 12대 째 만석지기로 재산을 이어왔다고 하니 그 비결이 궁금하다.

"과거를 보되 진사 이상은 하지 마라, 재산은 만 석 이상 지니지 마라, 지나가는 과객을 후하게 대접하라. 흉년에는 땅을 사지 마라. 사방 100리 안에 굶어 죽는 이가 없도록 하라."

경주 최부잣집의 이 가훈이 오랫동안 집안의 부를 대물림한 비결이다. 종택 건물은 12대 손에 이르러 영남대학교에 기증됐다고 한다. 가문의 기부 내력은 현재까지 이어지고 있는 것이다.

최 부자집 골목에서 빠져나와 강변으로 500여 미터 내려가다가 다리를 건너 오릉으로 향했다. 오릉은 박혁거세와 알영부인, 그리고 신라 제2, 3, 5대 왕의 무덤 5기가 함께 있는 곳이다. 안장에서 엉덩이를 떼고서 높이 들어 올려보지만, 시선은 담장을 넘지 못한다. 흐드러지게 핀 벚꽃과 흰 목련이 담장을 넘나들 듯 하며 백색의 향연을 벌인다. 이런 분위기로 여행자의 마음은 들뜬다.

경주 최 부잣집

오릉을 지나 나정으로, 그리고 남산 둘레길 가는 길

오릉을 지나 우리를 잡아끄는 곳은 박혁거세의 탄생전설이 깃든 우물 나정이다. 상서로운 구름이 드리워진 날, 우물가에 백마가 무릎을 꿇고 있고 곁에는 붉은 색을 띤 표주박만 한 알이 있었는데 그 속에 사내아이가 있었다. 그 아이의 몸을 씻고 나자 몸에선 광채가 났다. 아이가 16세 되던 해 신라 6부 촌장은 그 소년을 신라의 초대 왕으로 추대했다. 그 신화의 주인공은 박혁거세! 박에서 태어났다고 해서 성은 박이요, 몸에 광채가 났다고 해서 혁거세!

2천여 년 전, 그 시대의 승자가 자기 존재의 정당성을 위해 허구적 사실을 기록한 것으로 역사는 이루어졌겠지만, 박·석·김 3개 성씨를 가진 왕들에 의해 신라 천 년 사직이 이어져 온 것을 부인하는 이는 없다. 일행 중 박씨 성을 가진 분은 시조의 탄강 설화가 서린 상서로운 땅에서 특별한 감회에 잠긴 듯 나정 둘레를 홀로 한 바퀴 돈다.

나정에서 마을 안으로 쭉 올라가다가 저수지 아래 쪽 농로를 따라 달렸다. '삼릉 가는 길' 안내판을 따라가니 포석정이 나왔다. 경애왕이 술잔을 돌리며 연회를 베풀다가 후백제 견훤에게 죽임을 당했다던 슬픈 역사가 서린 곳이다. 입장료도 내야 하고, 자전거를 맡길 마땅한 곳도 없어 들어갈 생각을 못했다.

포석정 앞에서 남산 자락으로 난 옆길로 핸들을 꺾었다. 신라 6대 지마왕의 능을 지나자 삼릉 입구에서 둘레길이 끝났다. 소나무 숲 옆으로 난 도로를 따라 내남면 방향으로 달렸다. 300여 미터 달렸을까, 경애왕릉 표지판을 보고 왼쪽 솔숲 길을 따라 올라갔다. 휘어진 소나무 사이로 핀 진달래꽃의 자태가 곱다. 이런 곳은 안개 자욱한 새벽, 혹은 햇살이 퍼지는 이른 아침이나 일몰 직전도 사진 찍기 딱 좋다.

서울에서 당일치기로 다니는 우리들에겐 그런 행운은 쉽게 주어질리 없다. 그나마
요즘 같은 봄은 해가 짧아서 운이 닿는다면 석양 무렵 대릉원 인근 혹은 첨성대에서
일몰의 풍경을 감상할 수도 있겠다. 내심 그런 그림을 기대하며 오늘 코스를 짰다. 그
기회를 얻으려면 목적지에 너무 일찍 도착해서도, 너무 늦게 도착해도 안 된다.

경주남산 임도에서 불국사로 향하는 길

35번 국도를 따라 내남면 소재지로 향했다. 거기까진 약 5킬로미터 거리. 다행히 길
옆으로 자전거 도로가 별도로 만들어져 있어 좋다. 국도와 904번 지방도가 나눠지는
사거리에서 좌회전, 거기서 쭉 2.5킬로미터 정도 달리면 노곡리 마을 입구 삼거리가

나온다. 노곡리 마을길을 따라 쭉 올라가면 임도가 있다. 이곳은 경주 남산의 줄기가 남쪽으로 뻗어 내린 산자락의 끝이다. 계곡 옆 임도를 따라 올라가서 고개를 넘으면 불국사 방향으로 이어진다.

반월성에서 불국사를 가기 위해 선덕여왕릉, 효공왕릉, 신문왕릉을 둘러보며 7번 국도를 따라 가는 것도 편하지만, 이렇게 남산자락 산길로 자전거를 타고 가는 것도 색다른 맛이 있다. 이 길은 두 바퀴로 가는 자전거 여행자만이 누릴 수 있는 특별한 선택은 아닐까.

경주남산 임도

자전거를 타는 대부분의 사람은 적당한 업 힐과 다운 힐의 쾌감을 즐긴다. 도로만 연속되면 밋밋하여 재미가 없다. 만약 오늘 이 임도가 없었다면 라이더들은 실망했을 것 같다.

자전거 여행자만이 누릴 수 있는 행복의 길, 남산임도

임도는 대부분 구간에서 시멘트 포장이 돼 있다. 일부 구간만 자갈과 흙길이다. 길 가엔 개나리꽃, 산에는 진달래꽃, 임도는 꽃길이다. 왼쪽 아래로 계곡물이 바위를 부딪쳐 작은 소리를 내면서 흐른다. 임도 정상까지 도중에 두 번을 쉬고 올랐다. 천천히 오르면 단박에 오를 수도 있지만. 여행 삼아 타는 자전거 라이딩을 굳이 무리할 까닭이 없다. 도중에 쉬어야 자연의 소리도 들린다. 쉬었다 가면 웬만한 언덕도 힘들지 않고 오를 수 있다.

예전에 선친께서 하신 말씀이 생각난다. 일본 사람들은 재에 올라가기 전에 미리 쉬었다가 가는데, 우리나라 사람들은 꼭대기 다 올라가서야 쉰다고.

마지막 깔딱 고개 직전에 쉬었더니 남은 길은 식은 죽 먹기다. 해발 250미터, 고갯마루의 바람이 시원하다. 고개 조금 위로 어느 무덤가 개활지에 올라갔다. 길게 산맥을 이룬 토함산 일대의 산과 불국사 역 앞 너른 들이 한눈에 들어온다.

신라의 수도 서라벌 수도권은 서쪽으로 건천, 북으로 경주시 안강, 남으로 울산쯤 됐을 것 같다. 울주군 두동면 천전리에 신라의 왕과 왕비가 다녀간 것을 기념하는 내용의 글자가 새겨진 각석이 있고, 안강에 신라 42대 흥덕왕의 능이 있는 것을 보면 서라벌 수도권의 범위를 짐작게 한다. 신라는 고구려 백제에 비해 지리상 가장 불리한

경주 남산 임도에서 바라본 토함산 일대

지역에 있었지만 삼국통일을 했고, 통일 후엔 더 찬란한 문화를 이뤘다. 신라는 생각 외로 개방적인 나라였다.

무함마드 깐수(정수일) 박사가 쓴 『신라 · 서역교류사』에 보면 아랍 문헌에 9세기 경 신라와 아랍 · 무슬림들과 최초 교류의 기록이 남아 있다고 한다.

아랍의 지리학자인 이븐 쿠르다지바(820–912)가 쓴 『제도로 및 제왕국지』라는 책에 이런 기록이 있다.

"중국의 맨 끝에는 많은 산과 왕들이 있는데, 그곳이 바로 신라국이다. 이 나라에는 금이 많으며 무슬림들이 일단 들어가면 그곳의 훌륭함 때문에 정착하고야 만다."

이슬람 제국의 저명한 사학자겸 지리학자인 알 마스오디(?-965)가 쓴 『황금초원과 보석광』의 기록은 이렇다.

"신라에 간 이라크 사람이나 다른 나라 사람은 공기가 맑고 물이 좋고 토지가 비옥하며 또 자원이 풍부하고 보석이 일품이기 때문에 극히 소수의 사람을 제외하고는 그곳을 떠나지 않았다."

이렇듯 통일신라의 국제성은 실제 유물로도 증거를 남기고 있다. 울산 가는 국도 옆에 있는 괘릉에 매부리코와 주걱턱의 턱수염을 가진 석상이 있는데, 그 인물이 아라비아 계통의 상인으로 추정되고, 처용가에 나오는 처용 또한 아랍계 외국인이라는 주장이 허황된 이야기만은 아닌 것은 기록과 유물이 증명하고 있는 것이다. 신라는 먼 아라비아까지 교류하는 국제적, 개방적인 나라였다. 요즘 우리의 K-Pop의 인기가 아랍에까지 미친다는 기사는 새로울 것도 없다. 이미 천 년 이전부터 신라의 자연과 문화는 세계인에게도 매혹적이었던 건 아닌지 생각해본다.

이렇듯 역사 공부는 행복한 추적이다. 고개 밑으로 가파른 길을 몇 구비 돌아서 내려가니 사리라는 마을이다. 마을 앞 너른 들판 옆 아름다운 호수를 돌고 나서 논들 사이로 난 길을 따라 가다가 철길을 건너 불국사역 쪽으로 향했다. 제대로 경주 기행을 하려면 불국사를 관람해야 하지만, 자전거를 맡길 마땅한 곳이 없어 오늘도 불국사를 둘러볼 형편이 못됐다.

도중에 카페에서 충분한 휴식 덕분에 보문호수 고갯길은 식은 죽 먹기다. 오르막이 끝나면 약 1킬로미터 정도 신나는 내리막이다. 보문호로 빠지지 말고 삼거리에서 감포 가는 방향에 있는 덕동호를 한 바퀴 돈 다음에 보문호수로 돌아오면 더 좋을 텐데. 감포 가는 길은 『나의 문화유산 답사기』에서 유홍준 교수가 그토록 감탄하던 한국의 아름다운 길인데….

보문호수 벚꽃길 따라 봄의 향연을 느끼고

단체 여행의 특성 상 후미에 따라오는 사람을 배려하지 않을 수 없으니 코스를 무리하게 늘릴 수도 없다. 덕분에 내 몸도 그만큼 편해지니 위안을 하면 된다. 그게 모두에게 만사형통. 서로 타협하지 않는 함께 하는 여행이란 없다.

보문호 주변의 벚꽃은 경주시내와 달리 만개상태다. 오후가 돼서 꽃이 더 핀 것일까. 많은 상춘객들 사이를 비집고 유유히 페달을 밟는다. 저마다 만면에 환한 웃음, 봄의 향연을 즐긴다. 돌다리를 건너 보문호수 동쪽 둘레길로 달리다 빠져나와 도로 옆 자전거 길로 달렸다. 자전거 도로는 보도와 겸용인데, 간간이 마주치는 보행자들이 있어 속도를 낼 수 없다.

해질 무렵 천년고도 여행의 매력

보문호수에서 빠져 나와 분황사 곁에 다다르니 해가 서서히 넘어가고 있다. 일몰 직전, 황룡사지와 동궁과 월지를 지나고 첨성대로 향했다. 늦은 시각인데도 사람이 여전히 많다. 밤이 되면 다양한 색깔의 빛을 밝히는 첨성대 야경을 기다리는 관람객일 것 같다.

동산 같이 둥글둥글한 인왕동 고분이 황남동 고분과 중첩되는 풍경의 끝으로 서쪽 하늘 아래 산 능선이 또 한 번 겹친다. 죽은 자의 공간이 시간을 초월해 이어진 천년고도의 풍경은 늘 마음을 경건하게 한다. 나에게 경주는 해질 무렵이 가장 이끌림이 강하다.

넘어가는 해가 산마루에 걸릴 무렵, 우리는 첨성대를 떠나 다시 반월성으로 오른다. 오전에 가보지 못한 반월성 건너편 길로 달린다. 산책로 아래 절벽에선 흰 벚꽃이 남천의 고요한 물에 어린다. 안장에 앉아 셔터를 눌러보지만, 제대로 나올지 미지수다.

저물어 빛이 부족하니 흔들리는 사진이 되겠지. 주마간산 격으로 달리는 자전거 여행에 어울리는 영상이 될 지도 모른다. 자전거 여행은 늘 아쉽다. 그래서 내년 봄에 또 경주에 오고 싶다. 그때도 오늘처럼 벚꽃 핀 봄날 자전거 타고 수학여행을.

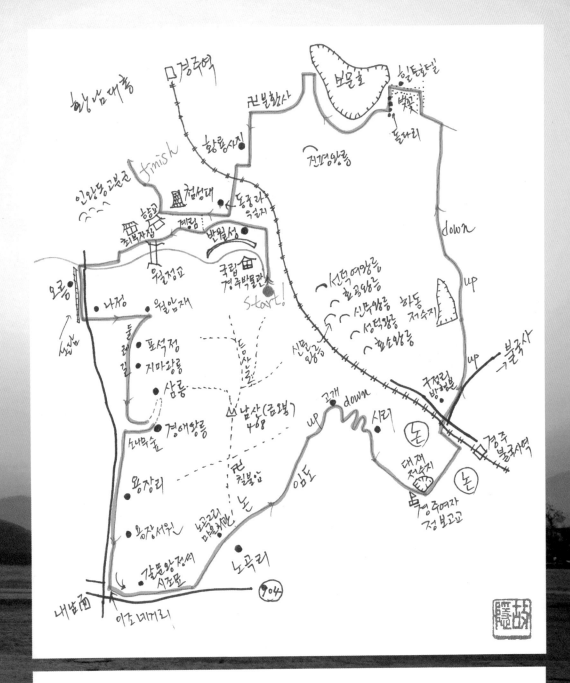

* **경주 자전거 여행길** (단위 km)

반월성 – 1.5 – 경주 최부잣집(교동) – 1 – 오릉 – (나정, 지마왕릉,삼릉입구) – 4.5 – 경애왕릉 – (용장리) –
8.5 – 노곡리 – (임도,고개) – 5 – 시리 – (대제저수지) – 3.5 – 불국사역 – 9 – 보문호 – 6 – 분황사 – 2.5
– 첨성대

양양 디모테오 순례길

봄의 교향악이 울려 퍼지면

알랭 드 보통은 『여행의 기술』에서 이렇게 말했다.

"움직이는 배나 기차에 탈 때 사람들은 흘러가는 풍경의 도움을 얻어 내면적 사유가 술술 진행되어 간다."

자전거 여행자에게 스쳐가는 풍경 또한 그럴 것이다. 그의 표현을 견주어본다면 자전거 안장은 진정한 자아와 가장 잘 만날 수 있는 곳이 아닐까. 자전거는 사색과 사유의 좋은 도구이다.

바로 그런 길이 양양 디모테오 순례길이다. 디모테오 순례길은 양양성당의 3대 주

임이었던 이광재(디모테오) 신부님을 추모하는 길이다. 산티아고 순례길, 라싸로 가는 티베트 순례길, 메카 성지 순례길 등 외국에만 이름난 순례길이 있는 줄 알았는데 우리나라에 디모테오 순례길이 있다니 동호인들이 모두 좋아할 것 같은 예감이 들었다.

신부님이 사목을 하던 양양지방은 1945년 해방 직후에는 38선 이북 땅이었다. 당시 양양 지역에는 소련군이 진주했고, 북한은 양양성당을 몰수하고 종교의 자유를 억압했고 그러자 이광재 신부님은 이 지역의 수도자와 신자들에게 38선 탈출을 도와주었다고 한다. 자신은 북에 남아 있다가 6.25전쟁 발발 하루 전에 체포되어 수감됐다가 1950년 10월 인민군이 후퇴할 때 다른 수감자들과 함께 인민군에게 총살됐다고 한다.

디모테오 순례길은 70년 전 신앙의 자유를 찾아 탈출한 사람들의 루트이자 이광재 디모테오 신부님의 순교의 뜻을 기리는 거룩한 길이다. 가보지 않은 길이었지만 등고선으로 봐서 난이도도 적당한 듯 했다.

양양에 도착하니 하늘엔 구름 한 점 없이 맑다. 군청 옆에 있는 양양성당을 찾았다. 성당은 언덕배기에 있는데 건물이 그다지 크지 않다. 성당에는 자그마한 한옥의 이광재 신부님의 순교각 등 신부님을 추모하는 몇 가지 상질물이 있다. 성당에서 풀을 뽑고 있는 여성분이 쫄바지를 입은 남정네들이 이 성당에 왜 왔는지 의아해 하는 눈치다. 순례길에 자전거 타러 간다고 하니까 거기에 자전거 타러 가는 사람은 처음 본다고 하면서 호감을 표했다.

순례길의 시발점인 성당을 나와 남대천을 건넌 후 우회전, 다시 삼거리에서 좌회전해서 조금 내려가서 동해고속도로 교각 밑을 지나면 양양송이밸리휴양림 입구가 나

디모테오 신부 순교각

온다.

휴양림을 오르기 직전엔 길이 꽤 가파르다. 휴양림 관리동 쪽을 지나서 양양 MTB 자전거대회 코스 안내판을 따라 업 힐을 했다. 업힐은 초보도 쉽게 올라갈 정도로 완만하다.

휴양림에서 4~500미터 페달을 쭉 밟았을까. 평평한 임도가 쭉 이어져 있다. 하늘은 구름 한 점 없이 청명하다. 오늘 하루 종일 이 산을 누빌 수만 있다면 미세먼지에 찌든 우리의 허파도 깨끗이 청소되겠다. 길은 잔잔한 업, 다운만 있을 뿐이다. MTB대회 코스 안내판을 따라 쭉 달렸다. 첫 오르막을 오르니 완만한 내리막이 쭉 이어진다. 길 좌우로 작은 밭떼기가 보이고 두엄 냄새가 풍긴다.

이런 곳을 지나다 보면 요즘 내가 종종 보는 〈나는 자연인이다〉의 주인공이 사는 산중이 떠올려진다. TV를 보면서 그 자연인의 삶에 공감하면서도 누가 나더러 직접 산에 가서 살아보겠냐고 물어본다면 난 그럴 자신은 없다. 그러면서도 늘 전원생활을 부러워하는 사고의 이중성은 뭣인지 모르겠다. 그 프로그램이 인기가 높은 것은 내가 결행하지 못하는 것에 대한 대리 만족 같은 거 아닐까. 몸은 속세에, 마음만은 자연에.

이곳 숲속에 숨은 밭이랑을 보면 월든의 숲이 떠오른다. 하버드대학을 나온 헨리 데이빗 소로우(Henry David Thoreau)는 1845년 미국 월든 호숫가로 들어가 손수 통나무를 베어 집을 짓고 밭을 일구며 2년 이상 살면서 인간과 자연, 사회 등에 대해 깊은 성찰을 남겼다. 숲속 생활과 사색을 기록한 그의 저작물 『월든』에서 우리는 그의 구도자

적 모습에 강한 이끌림을 받는다. 그의 생각 중 일부를 인용해 정리하면 다음과 같다.

"홀로 지내지만 나는 외로움을 느낀 적이 한 번도 없다. 후두둑 떨어지는 빗소리나 숲에서 듣는 자연의 소리, 모든 경치 속에 진실로 감미롭고 자애로운 우정이 존재한다. 자연에 살면서 감각기능을 온전히 유지하는 사람에겐 우울증이 생길 여지가 없다. 혼자 지내는 것이 심신에 좋은데 우리는 너무 얽혀 살고 있다."

그러나 그는 타고난 은둔자는 아니었다. 그의 집을 방문하는 사람을 위해 그의 집에는 세 개의 의자가 있었다. 고독을 위한 의자 하나, 우정을 위한 의자 하나, 사교를 위한 의자 하나.

자연의 생활을 그리워하는 것은 도회지인 누구나 그럴 것이다. 오늘 함께하는 김 교수님이 이끄는 동호인회의 이름은 'B2C'다, 'back to the country'의 재미난 줄임말이다. 그들이 자전거를 타는 이유가 그 이름에 고스란히 쓰여 있다. 자연으로 돌아가고 싶은 로망!

침묵만 있을 것 같은 숲에서 조용히 귀를 기울여보면 들리지 않던 수많은 소리가 들린다. 지금 같은 계절엔 봄의 부활을 알리는 식물과 동물 등 뭇 생명의 소리, 장마철에 들리는 빗소리, 가을에 낙엽이 뒹굴 때 바스락거리는 소리, 앙상한 겨울 나뭇가지 끝을 흔드는 차가운 바람 소리….

숲의 향연에 취해 계속 내리막길을 달리자 도로가 나왔다. 아차, 길을 잘못 들었

디모테오 순례길

38선 숲길

구나. 아까 화장실이 있던 삼거리에서 우회전했어야 하는데 길을 잘못 들었던 것이다. MTB대회 코스 간판만 보고 생각 없이 갔던 게 잘못이었다.

다시 1킬로미터를 올라가야 한다. 경사가 그다지 높지 않아 다행이다. 되돌아가는 길은 분명 아까 지나온 길이었지만, 첫 길 같은 느낌이다. "이것도 괜찮네." 하면서 아무도 짜증을 내지 않는다. 휴! 다행이다. 의도된 것이 아니었지만.

이제부터는 디모테오 순례길 안내판만 보고 달렸다. 순례길 표지판은 1~2킬로미터 간격으로 있다. 휴양림에서 7킬로미터 정도 거리에 오상영성원이라고 하는 카톨릭 피정처가 있다. 이곳은 지친 마음과 영혼을 맑게 하는 일종의 기도원이다. 자유를 찾기 위한 길에서 기도는 얼마나 절박했을까. 그 길 도중에 있는 피정처 옆을 지날 때 라이더들 마음도 숙연해진다.

오상영성원에서 조금 떨어진 곳에 앉아 휴식을 취했다. 임도 옆으로 오솔길이 있어 잠시 따라가봤다. 길 옆으로 붉은색 줄이 쳐져 있다. 아차, 이 주변이 송이가 나는 산이라 출입을 제한하는 금줄이 쳐져 있었던 것이다. 오얏나무 아래선 갓끈도 고쳐 매지 말라 했거늘 오늘이 만약 송이 나는 가을이었더라면 우리는 당장 쫓겨났을 터다.

휴식을 마치고 이제 남은 여정을 향해 또 달린다. 얼마 더 가니 하늘이 맞닿는 길 언덕 위로 38선 표시가 있다. 조마조마한 가슴으로 탈출하던 신자들이 드디어 안도의 한숨을 쉴 수 있었던 경계선이다. 정동과 정서 방향으로 두 팔을 벌려 그 일직선상으로 남과 북을 나눠본다. 길은 여기서부터 또 하나의 이름이 보태진다. 이른바 '38선 숨길'이다. 저 아래 명지리까지 5~6킬로미터는 디모테오 순례길과 38선 숨길, 두 이름의 길이 공존한다.

순례길의 마지막 갈림길 사거리에선 왼쪽으로 300도 정도를 꺾어서 가야 한다. 여기서 3킬로미터 다운 힐해서 명지리에 이르면 디모테오 순례길은 끝난다. 38선 숨길을 이어 타려면 명지리 마을회관을 지나 오른편 산길을 넘어가면 된다. 그 길의 끝은 동해대로변 38선 휴게소다.

명지리 길가, 울긋불긋하게 꽃 대궐을 이룬 어느 집 앞에서 잠시 휴식을 취했다. 여기서 하조대까지는 6킬로미터. 예상했던 것보다 시간이 많이 흘러 해파랑길에선 쉼 없이 달려야만 했다. 시간 여유가 있다면 하조대에 올라 망망한 동해바다 파도 소리도 듣고 바닷바람에도 취할 수 있건만 그럴 만한 여유가 없다. 해안 길은 포기하고 파란 선이 그어진 해파랑 자전거길을 따라 대포항을 목표로 달렸다.

숲에서 타다가 자전거길로 오니 밋밋하고, 풍광도 그저 그런 느낌이다. 하조대, 의상대, 낙산사 등 해변의 절경을 빼먹었기 때문일까? 그러나 우리는 이미 디모테오 순례길에서 솔향기에 취할 대로 취했으니까.

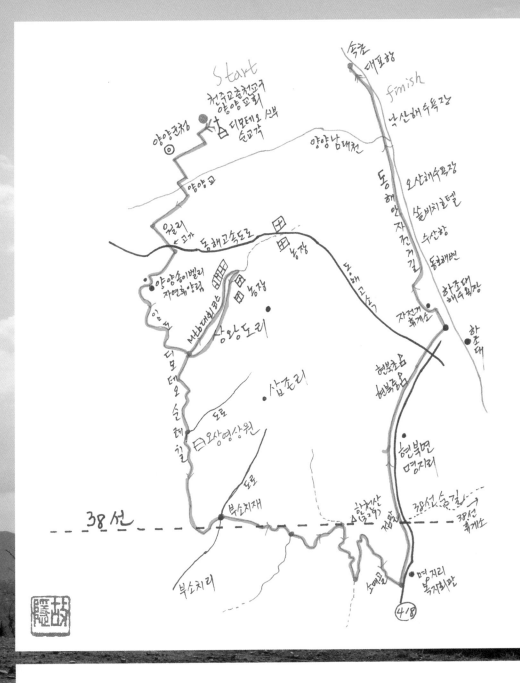

* **양양 디모테오 순례길** (단위 km)

양양성당 – (양양교) – 3.5 – 양양 송이밸리 입구 – 0.6 – 양양 송이밸리 자연휴양림 – (삼밭이재 옆 – 임도 첫 삼
거리에서 우회전) – 3.5 – 오상영성원 – 2 – 부소치재(직진) – 8 – 명지리 – (현북초) – 6.5 – 하조대 – (낙산, 물
치, 대포) – 23 – 속초

황성 태기산 · 청태산

두건 젖혀 쓰고 느지막이 들어오는 그 쓸쓸한 노인의 산골

해발 1,000미터 급의 산은 여름철 라이딩의 최적지다. 고산지대는 한여름에도 시원하기 때문이다.

여름 더위가 아직 물러서지 않은 8월의 마지막 주 토요일, 태기산으로 향했다. 옛 6번 국도로 오르던 버스는 양구두미 고개 직전에 좌회전해서 태기산 정상으로 향한다.

해발 1,100여 미터 높이에 있는 네 번째 풍력발전소 근처에 버스를 세웠다. 여기서부터 라이딩을 할 예정이다. 버스로 더 올라갈 수도 있지만 본격적인 라이딩 전에 짧게라도 워밍업을 해보는 게 좋을 성 싶어서다. 몸의 중심도 잡아보기 전에 바로 내리막길을 달릴 경우 초심자에게는 조금 위험할 수도 있을 것 같다는 고려에서였다. 그런데 오르막길은 예상외로 짧다. 그렇다고 저 아래 둔내나 봉평에서 자전거를 타고 여기까지 온다면 그 전에 몸이 벌써 녹초가 되어 있을 것이다.

이 좋은 길을 훅 지나칠 수는 없지

오늘 코스는 여기서 다운을 하여 전반적으로 800여 미터 높이에서 업, 다운하며 숲체원과 청태산 휴양림으로 이어지는 긴 트레일이다.

길을 따라 첫 삼거리 태기분교 터에서 왼쪽 길을 따라가면 조금 전에 버스로 올라왔던 6번 국도를 만나게 된다. 임도를 조성한 지 얼마 되지 않은 때문인지 길은 조금 거칠다. 오늘 게스트로 처음 참석한 한 분은 경사 급한 내리막에 그만 미끄러져서 손가락에 상처가 났다. 도중에 아주 작은 개울을 건너고 몇 구비를 돌아 임도를 따라 쭉 내려가니 옛 6번 국도를 만났다. 둔내 방향으로 100미터 남짓 내려가면 왼쪽으로 임도가 또 있다. 입구에는 '에코800 태기산 트레킹로'라는 팻말이 서 있다. 이 임도는 2012년 횡성군에서 조성해 명명한 것이다.

평창군이 '해피 700' 슬로건을 내세우니 횡성군은 '에코 800'으로 한 수 더 뜨고 있는 격. 인근 평창군이 "해발 700미터가 가장 살기 좋다!"고 하니 횡성군은 "아니야, 해발 800은 더 좋아!" 이렇게 응수하는 격이다. 해피 700도 좋고, 에코 800도 다 좋다. 에코 800 트레킹길 숲에 들어서니 기분이 좋아져 신선이 된 느낌이다.

이 좋은 길을 빨리 달려 혹 지나칠 순 없지. 가급적 오래 머물도록 슬로우 라이딩이 제격이다. 길이 비단길이라 달리는 데 부담이 없다. 길이든 뭐든 명품은 거저 만들어지는 것이 아니고 세세하게 관리되어야 한다. 그런 이유에선지 이 길에 자전거를 타려면 사전허가가 필요했다. 바쁜 와중에 허가신청을 해서 군수 직인의 허가서를 받았지만, 여기서 우리를 통제하는 사람이 아무도 없다. 그러려면 굳이 번거로운 허가서를 왜 요구했는지 이유를 모르겠다.

그러나 길의 관리 상태는 100점 만점에 100점. 어떤 구간에선 자갈을 깔아서 길을 다져놓았고, 어떤 구간에선 황토를 깔아놓아서 길이 빤질빤질하다. 곳곳에 전망대와 쉼터를 만들어 답사객들을 배려해두었다. 숲속 한적한 곳엔 누워서 산림욕을 할 수 있도록 나무로 만든 안락의자도 있다.

업 힐을 조금 하면서 숨이 찰 만 하면 이내 평지길이 나오거나 내리막길이 이어져 있다. 임도 우측으론 마을로 연결되는 길이 여러 곳 있다. 임도 아랫마을은 삽교리다.

삽교는 조선 후기 문인이었던 안석경(1718–1774)의 호다. 안석경은 삼십 대 초반까지 과거시험에 여러차례 응시했지만 낙방을 거듭했다. 낙방의 한을 풀고자 그는 용문산, 삼각산, 치악산 등지로 산수유람을 나섰다. 유람의 끝이 이곳 태기산이다.

나이 48세 되던 1765년 안석경은 이곳 태기산 골짜기로 들어와 칩거를 시작한 것이다. 그는 농사를 지으며 여가 시간에 집필을 했다. 산이 깊고 계곡이 험하여 찾아오는 손님도 거의 없었다. 그를 아는 지인이 안석경을 조정에 천거했지만, 그는 부임하지 않았다. 그는 평생 벼슬에 나가지 않고 이곳에서 후학들을 가르치며 저술 활동을 했다.

친구들은 산중에 칩거하는 그를 보며 한탄했다고 한다. 그러자 그는 산중 생활을 예찬하며 도리어 다른 사람들이 미쳤다고 말했다고 한다. 이곳 마을이 그의 호를 따 삽교라고 불린 것을 보면 그가 이 지역에 끼친 명성이 얼마나 컸는지 짐작할 수 있다. 안석경은 삽교에서의 삶을 이렇게 노래했다.

산 속의 봄 술이 익었다기에
가랑비 맞고 이웃에 가서 취하였네.
두건 젖혀 쓰고 느즈막이 돌아오니
개울에 비친 꽃들이 쓸쓸하네

－『조선의 문화공간』, 이종목, 2006. 휴머니스트

스스로 은거의 공간으로 선택해 들어온 삽교, 그 외로움이 시에 그대로 배어 있다. 안석경은 삽교에서 10년 가까이 은거하다 1774년 조용히 생을 마치고, 삽교의 매당덕이라는 곳에 묻혔다. 매당덕은 우리가 지나는 임도 바로 아래에 있지만, 그곳을 들러서 갈 형편이 못돼 아쉽다.

짧은 시간, 안석경을 생각하며 삽교리 숲길로 자전거 여행하는 것만도 큰 기쁨이다. 언젠가 시간이 더 나면 삽교 안석경의 흔적을 찾아가는 라이딩도 기획해보고 싶다.

청태산 쉼터

250년 전 안석경이 개울가 반석에 앉아 책을 읽었다던 용물둔지와 그의 육신이 묻힌 매당덕을 경유해서 청태산 임도를 따라 자전거 여행을 한 번 더 하고 싶다. 그 자전거 여행의 출발지는 둔내면 소재지가 좋을 것 같다.

  '에코 800 트레킹로' 막바지에 '숲체원'이라는 산림휴양지가 있다. 숲체원, '숲을 체험하는 넘버 원'이라는 뜻이라고 한다. 숲체원은 복권을 팔아 번 수익금으로 조성한 휴양지다. 어쩌면 국민의 사행심을 유발하는 복권이 상처받은 국민의 마음을 치유하는 휴양지 조성으로 보답하게 됐으니 고마운 일이다. 그렇지, 돈은 그렇게 써야 멋지다.

  시간이 없어 숲체원을 제대로 돌아보지 못했지만, 주변에 데크 로드 등 산책길이 잘 조성돼 있어 가족 단위로 휴양을 와도 좋을 것 같다. 물론 그때도 자전거는 차에 싣고 와야겠지.

숲체원 전시관에서 아래쪽 내리막길로 몇백 미터 못 가서 왼편 청태산으로 통하는 임도가 연결돼 있다. 초입에는 길이 좋지만 더 들어가면 풀이 우거져 있고, 길에 멧돼지 똥이 널려 있다. 혼자 이곳을 지난다면 오싹한 기분이 들 것 같다.

이어 도로 밑 통로로 자전거를 몰고 가야 한다. 이곳으로 물이 흐르는 것을 보니 이곳은 도로 겸 수로인 듯하다. 덕분에 작은 계류를 도하하는 기분으로 이곳을 통과했다. 이곳은 한여름이면 더욱 시원할 것이다.

여기를 빠져 나오자 길은 왼쪽과 오른쪽 두 갈래로 나뉜다. 여기선 왼쪽으로 가도 되고, 오른쪽으로 가도 된다. 지도에서 보니 왼쪽 길 쪽으로는 높은 등고선이 있다. 그곳보다는 비교적 높낮이가 완만한 오른쪽 길을 택하는 것이 수월할 것 같다.

이 일대부터는 청태산 자연휴양림 부지다. 이곳 휴양림에서 계속 동쪽으로 직진하니 모처럼 비교적 긴 업 힐이 이어져 있다. 이곳도 인적이 거의 없어 잡초만 무성하다. 임도 내리막길이 끝나니 길 옆에 통나무집이 몇 채 있다. 어디서 본 듯한 집이라 가만히 생각해보니 몇 해 전 겨울에 여기서 1박을 했던 둔내 휴양림이다.

주변 분위기가 바뀐 것으로 보아 주인이 바뀐 모양이다. 둔내 휴양림에서 조금 내려오니 이내 마을길이다. 자포저수지를 지나 내리막 도로에서 좌회전, 계속해서 거침없이 달리니 목적지인 둔내면 소재지다. 총 라이딩 거리는 39킬로미터. 더도 덜도 아닌 하루에 달리기 딱 좋은 거리다. 라이딩을 마치고 어느 누가 물었다.

"여기 1년에 한 번씩 꼭 오지요?"

나는 대답했다.

"봄에 한 번, 가을에 한 번, 이렇게 두 번쯤 와요."

눈이 수북이 쌓인 겨울, 숲체원 휴양림에서 하룻밤 숙영하며 '에코 800 트레킹로'에서 스노우 라이딩을 덤으로 즐길 수 있다면 더 좋겠다.

태기산

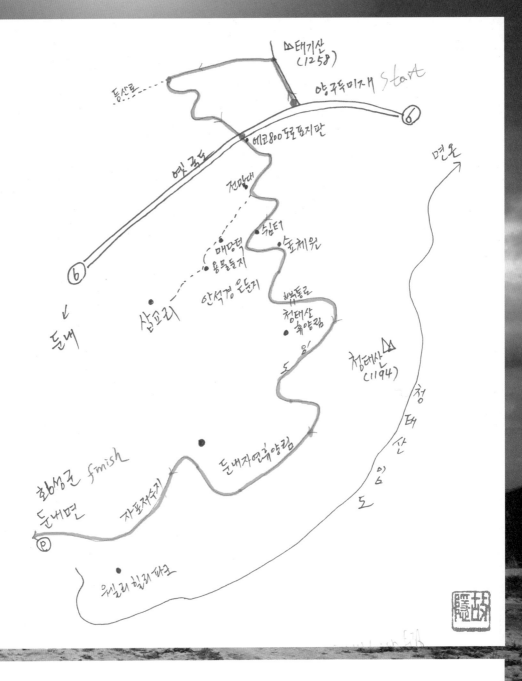

태기산
(1258)

양구두미재 Start

⑥

통산로

에코800 도로표지판

면옥

옛 국도

전망대

쉼터

숲체원

매명턱
용물둥지

안석쟁 은둥지

행복둘레

청태산
휴양림

둔내

삼교리

도
암

청태산
(1194)

청
태
산

임
도

횡성군 finish
둔내면

도

둔내자연휴양림

자포저수지

ⓟ

윈슬리 힐자 파크

* 태기산 청태산 숲길 (단위 km)

양구두미재 – (태기산 풍력발전소 도로) – 3 – 태기산 임도 입구 – (임도) – 8 – 옛 6번국도 – 0.1 – 에코800 임
도 입구 – (임도) – 8 – 숲체원 – 2 – 청태산 휴양림 – 4 – 둔내 휴양림 – (자포저수지) – 14 – 둔내면

군산 구불길

저 모퉁이를 돌았을 때 당신이 계신다면

군산에는 호수가 제법 많다. 군산호수, 미제호수, 월명호수, 옥구호수…. 군산 일대
가 드넓은 평야지대라 그런 진 모르겠다. 벼농사를 위해선 저수지가 많아야 하기 때문
이다. 요즘 그 호수에는 둘레길이 조성돼 있어서 탐방객의 발길을 끌고 있다.

이번 정기 라이딩에선 군산호수, 미제호수를 이어 달린 후 군산시 월명동의 근대문
화유산을 둘러보고 여력이 있다면 경암동 철길 마을도 구경하고 싶다. 내친 김에 금강
자전거 길을 따라서 금강 철새조망대까지도 달려보고 싶지만….

저 모퉁이를 돌았을 때 당신이 계신다면

오전 10시 10분. 서울에서 3시간 30분이 걸려 버스는 목적지 군산호수 인근에 도착
했다. 농어촌공사 군산지사 건물을 끼고 오른쪽 도로를 따라 군산호수로 자전거를 몰

았다. 저수지 제방 아래 갈대숲 사이로 난 산책로로 들어갔다. 길은 구불구불했다.

"저 모퉁이를 돌았을 때 당신이 계신다면."

길섶에 세워진 이 문구는 여행자의 마음을 일렁이게 한다. 아주 시적인 표현이다. 거기에 당신이 있을지 모르지만, 당신이 계시다는 기대감으로 모퉁이를 돈다면 마음이 설렐 테지. 최소한 모퉁이를 돌 때까지만이라도… .

이 길은 군산 구불길 11개 구간 중 제 4, 5구간에 해당된다. 저수지 제방을 지나자 길이 두 갈래로 나뉘어졌다. 곧바로 호수를 따라가는 수변 길과 오른쪽 청암산(해발 119미터)으로 올라가는 등산로다.

청암산은 군산호수 남쪽에 있는 산이다. 정상에서 늘어뜨려진 산맥의 양 날개가 호수를 감싸 돌고 있는 형국을 하고 있다. 그 산등성이를 잇는 등산로가 구불 5길, 수변을 따라 난 길이 구불 4길이다. 호수는 직선거리로 동서가 1킬로미터, 남북이 1.3킬로미터 정도로 그다지 크지 않지만, 오밀조밀한 수변을 따라 길을 낸 까닭에 수변 길은 약 10킬로미터에 달한다. 반면 등산길은 직선이라 이보다 짧다.

시간적 여유가 있다면 수변 길을 다 돌고 곧바로 청암산으로 올라가서 등산로를 한 바퀴 더 돌아도 좋다. 아니면 수변 길을 돌다가 지루해지면 등산로를 따라 산으로 올라가고, 산길이 심심해지면 다시 수변 길로 내려오거나 해도 좋을 것 같다. 우리는 제방에서 시작해 반시계 방향으로 수변 길만 돌기로 했다. 2년 전 그때도 그랬듯이 수변 길에선 초입부터 아름다운 풍경에 몰입된다.

갈대 숲을 지나면 대숲이 나온다. 대숲이 터널을 이룬 사이로 길이 쭉 바르게 이어져 있다. 대나무 향이 그윽하다고 해서 길 이름이 죽향 길이다. 수변 길에선 초입뿐 아니라 구간 내내 죽향을 맡으며 라이딩할 수 있다. 이어지는 길가엔 빨간 꽃무릇이 무리지어 피어 있다. 꽃무릇은 꽃이 피고 진 다음에 잎이 나는데, 그때문에 꽃과 잎은 서로 한 번도 만나지 못한다. 그래서 꽃말도 이루어질 수 없는 사랑이라고 한다.

군산호수는 1939년 일제강점기 때 수원지로 조성됐다. 1963년에 상수원 보호구역으로 지정되고부터 2008년 해제될 때까지 출입이 통제됐다고 한다. 보호구역 해제와 동시에 둘레길이 조성됐는데, 둘레길 주변 생태계가 잘 보존된 것은 바로 그런 덕분이다.

수변 길 10킬로미터 구간은 대나무뿐 아니라 소나무와 왕버들, 온갖 활엽수가 자연림과 같은 풍경을 이루며 수림의 터널을 형성하고 있다. 길은 겨우 한 사람이 지날 수 있을 정도로 좁다. 때문에 마주 오는 등산객을 만나기라도 하면 미안한 마음이 앞선다.

라이더들은 질주하듯 빠른 속도감에 쾌감을 느끼기도 하지만 숲길에선 슬로 라이딩도 나쁘지 않다. 과속으로 달리며 아름다운 풍경을 금세 스쳐 보내기보다는 다가오는 풍경을 느리게 맞으며 천천히 뒤로 보내는 것도 좋다. 특히 이런 아름다운 길에선 풍경이 내게 말을 걸어올 수도 있을 테니까.

수변 길을 4킬로미터 정도 달리자 사오갯길 고개가 나왔다. 이곳은 구불 4길과 5길이 처음으로 만나는 곳이다. 근처에 깨끗한 화장실도 있고 매점도 있다. 매점은 인근

죽동마을 주민들이 운영하는 것인데 벌꿀, 오미자, 대추 등을 진열해두었지만 오늘은 파는 사람이 없다.

사오갯길에서 산으로 올라가는 구불 5길로 가면 목적지인 저수지 제방까지 4킬로미터에 불과하지만, 우리는 그보다 2배 이상 우회하는 수변 길로 향했다. 한참을 내려갔는데 조금 전에 지나온 건너 쪽이 다시 보인다. 수면과 지면의 경계가 M자 식으로 들락날락 반복하는 호변의 길을 따라 천천히 달린다. 늪이 있는 곳에선 '옴개구리, 도마뱀, 살모사 등 파충류들이 많이 서식하고 있으니 조심하라'는 안내판이 있다. 곳곳에 멧돼지 출몰을 조심하라는 현수막도 걸려 있다. 아무 생각 없이 풀숲을 헤치고 아무데나 들어가다간 큰일 나겠다.

저수지 제방까지 길은 시종일관 비슷한 분위기로 이어진다. 야트막한 오르막을 오르면 평평한 오솔길이 길게 이어지고, 낮은 언덕을 넘으면 나무 사이로 호수가 나타나고, 경치 좋은 곳엔 으레 벤치가 있다. 뒤따라오는 일행을 기다리며 벤치에 앉았다.

잔물결이 이는 호수의 수면이 은비늘처럼 반짝인다. 잠시 앉아 있는데도 행복이 가슴 속 깊이 꽉 차는 느낌이 든다.

누가 내게 지금까지 가본 곳 중에 가장 행복했던 '자전거 길 베스트 5'가 어디였냐고 묻는다면 나는 이렇게 답할 것이다.

"대공산성–보현사 싱글, 일월산 외씨버선길, 남한산성 하니비 코스, 강진 백운동원림에서 월출산 누릿재 넘는 길, 병산서원에서 하회마을로 넘는 산길."

그런데 베스트 목록에 군산호수길 하나가 더 보태졌으니 이제 그 목록도 수정을 해야 할지 모르겠다.

은빛 물결 반짝이는 미제저수지로

군산 둘레길을 다 타고 이어서 미제저수지로 향했다. 이 길은 구불 5길의 연장선이다. 구불길로만 따라가면 시간이 많이 걸릴 것 같아 빠르고 편한 도로로 달렸다.

서군산 산업단지를 지나자 가을빛이 물씬하다. 감이 노랗게 익어가고, 코스모스가 만발하고, 추수를 끝낸 논도 보인다. 10여 분 달리자 미제저수지가 나왔다. 이 호수는 크기가 군산호수와 비슷하다. 시내 가까운 곳에 있어서 그런지 이곳엔 나들이객들이

군산호수

많다. 호변을 따라 난 흙길로 계속 페달을 밟았다. 그러고선 호수를 가로지르는 물빛 다리를 건넜다.

은파호수공원을 나와서 시내로 향하던 도중 군상상고를 못 미쳐 라이딩을 종료하기로 했다. 일행 한 분의 자전거가 도로의 턱에 걸려 넘어져서 경미한 부상을 당한 때문이다.

멋진 풍경을 원 없이 본 다음이라 일행도 이쯤에서 마치고 싶어 했다. 월명호수, 군산의 근대문화유산, 겸암철길 마을을 가보지 못해 아쉽지만….

그러나 이렇게 남겨둔 코스가 있어야 다음에 또 올 수 있겠지. 그때는 강경에서 시작해 금강을 따라 나바위성당을 들어가 보고 함라산 임도와 망해산 능선을 타고 소설가 채만식 고향인 임피를 경유하면 어떨까. 그때도 행복은 오늘만 하겠지? 군산호수와 함라산에 단풍이 멋지게 물든 늦가을이면 더 좋겠다.

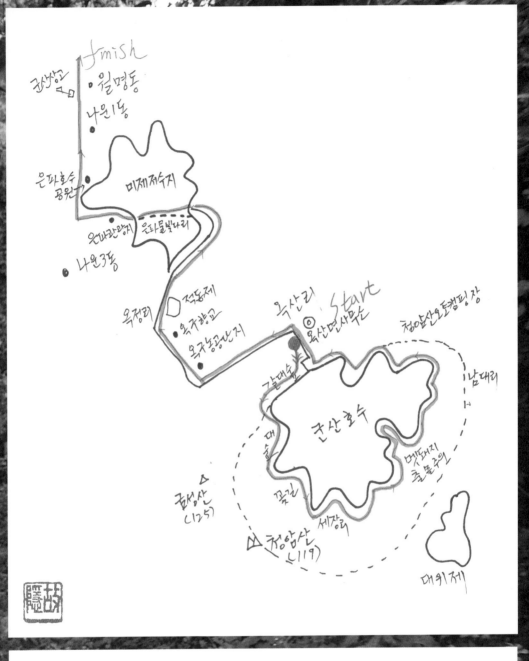

* **군산 구불길** (단위 km)

옥산면사무소 – 10 – 군산호수 둘레길 – (옥산면) – 4 – 옥구농공단지(서군산 산업단지) – (옥구향교) – 4 – 미제
저수지 – (은파물빛다리) – 3 – 은파호수공원 주차장 – 4 – 월명동

강릉 대기리 설원

눈은 기적같이 와서는 행복같이 달아나버린다

천상의 선경이 이보다 더 아름다울까?

대관령을 넘어 성산에서 우회전, 해발 700여 미터 백두대간 닭목재를 넘자 대지는 온통 순백의 세상이다. 나흘 전 20센티미터 이상 눈이 내렸다는 기상뉴스를 보았는데, 며칠이 지났지만 눈은 그대로 쌓여 있다.

강릉시 왕산면 대기리. 폭설이 오면 추녀 가까이 눈이 덮이고, 온 마을이 고립된다는 곳. 지친 노루와 고라니가 먹이를 찾아 헤매는 '낭만적'인 모습으로 텔레비전 뉴스에 헬기 영상으로 종종 비춰지는 곳이 바로 이런 곳이다.

예전에 오지마을 답사 차 이곳을 다녀왔고, 근 20년 만에 다시 방문했다. 이번엔 특별한 일이 아닌, 그저 눈길 여행이다.

예전에 일월산 새방골에서 스노 라이딩의 즐거움을 처음으로 느꼈는데, 그때 눈 위로 자전거를 굴릴 때의 흥분과 쾌감은 완전 새로운 차원이었다. 지난해 겨울, 눈이 쌓인 법화산 임도를 달리는 스노 라이딩의 흥분된 기억은 아직도 생생하다. 평소에 내가 그다지 웃음기가 없다는 것을 잘 안다. 그런데, 우연히 찍힌 그 사진에서 나는 행복을 읽었다. 내가 이렇게 멋진 웃음을 띨 줄이야. 나는 여러 사람에게 그 사진을 자랑했다. 스노우 라이딩이란 것도 있다고 말하면 사람들은 흠칫 놀란다.

"길에서 자빠져 머리 깨려고?"

그러면 법화산 임도에서 눈 위에서 자전거 타는 내 사진을 보여준다.

"봐라, 얼마나 기분 좋았으면 이런 표정이 나오겠노?"

사진 속 나의 웃음은 눈 위에서 타는 자전거가 얼마나 행복한 것인지를 보여주는 증거다.

스노우 라이딩은 그 이후에도 계속됐다. 이제 눈 예보만 있어도 나의 뇌는 조건반사적으로 흥분되는 것 같다. 여행은, 그걸 준비하는 것만으로도 즐겁다. 어릴 때 수학여행 같은 기분이 들뜨는 일이 있는 전날 밤에는 잠을 한숨도 자지 못했던 기억이 있다. 좋은 일을 앞두고 있으면 상상만으로도 이미 행복의 호르몬이 내 몸에 분출될 것만 같다. 이번에도 출발 전날 밤 잠이 오지 않아 밤새 몸을 뒤척였다.

부들밭골, 솜밭골, 가르쟁이, 마지목이, 손버텅이들…

여행을 앞두고 지도를 보면서 여정을 그려보는 것도 즐겁다. 이번에 계획한 코스는 대기리 보건진료소에서 용수골 방향으로 난 도로를 따라 7킬로미터 정도 진행하다가 대용수동 맨 끝 집에서 산길을 따라 5킬로미터 정도 오르막 내리막을 반복하다가 다시 큰 도로(왕산로)로 합류하여 원점으로 회귀하는 약 15킬로미터 여정이다.

부들밭골, 솜밭골, 가르쟁이, 마지목이, 손버텅이들…. 토속적 이름의 산촌마을을 도중에 지나게 된다. 그러나 예상보다 늦게 도착해 밥을 먹고 출발하려니 이미 오전 11시가 지났다. 출발을 서둘렀다. 길은 다행히 제설이 돼 있다. 그러나 빙판이 곳곳에 있어 잠시도 긴장의 끈을 늦출 수 없다.

나와 일행 두 사람은 출발 전에 스노타이어로 바꿔 달아서 그런대로 미끄럼이 덜했다. 스노타이어는 깍두기 모양으로 생긴 타이어의 트레드에 뾰족한 못과 같은 금속 물질이 박혀 있다. 얼음 표면을 달릴 때 바퀴 트레드에 박힌 못이 얼음에 박히면서 미끄럼이 방지되도록 고안된 것이다. 그런데 푸석푸석한 눈길에선 스노타이어도 소용없다.

대기리 삼거리에서 20여 분 거리에 있는 작은 용수골 입구, 황금빛을 띤 아름다운 소나무 군락지 가지마다 아직 떨어지지 않은 잔설이 하얗게 쌓여 있다. 솔잎 위에 쌓인 잔설덩이가 바람에 날리자 눈가루는 역광에 반사돼 반짝인다. 셔터를 눌렀다. 하늘은 구름 한 점 없이 파랗다. 날이 추워선지 산새 울음도 없다. 집들이 흩어져 있었지만, 인기척이 없다. 설원에 찍힌 짐승들의 발자국만 있을 뿐 산골은 적막하다.

작은용수골 입구에서 1킬로미터쯤 올라가자 눈은 더 이상 치워지지 않았다. 그 안쪽에도 마을이 있는데 눈은 그대로 있다. 트럭이 지나가면서 생긴 바퀴자국을 따라 페달을 밟았다. 겨우 중심을 잡아보려고 안간힘을 쓰지만 경사가 약간만 있어도 바퀴가 헛돌았다. 결국 자전거를 끌어야만 했다. 두 바퀴로 굴려도 보고 앞바퀴를 번쩍 들어서 뒷바퀴로만 굴려도 봤다. 힘이 몇 배나 들었다.

자동차 바퀴 자국이 끝나는 지점 솜밭골 입구에 다다랐다. 오래된 귀틀집이 남아 있는 전형적인 화전민촌이다. 집집마다 장작을 산더미같이 쌓아두고 월동 준비를 하고 있다. 이 마을에는 모두 세 집이 있는데, 두 집은 겨울을 피해 떠났다고 했다. 맨 윗마을 대용수동 농막도 텅 비어 있다. 봄이 돼야 농부들은 다시 용수골을 찾아온다고 한다.

보아도 보아도 질리지 않은 눈과 설원

대용수동 빈 농막에서 자전거를 되돌리기로 했다. 더 이상 진행할 시간이 없고, 일행 중 체력이 현저히 떨어진 분도 있기 때문이다. 이제 겨우 6킬로미터 밖에 못 왔는데 너무 아쉽다. 당초 가기로 계획한 길은 대용수동 지나 마지막 고랭지 밭이 있는 동녘골까지 가서 임도를 타고 대화실산 서쪽 임도를 타고 도로로 합류해 원점으로 회귀하려던 것이다. 그 거리는 9킬로미터 정도인데, 눈 위에 타는 것이 이렇게 힘이 들 줄을 사전에 고려하지 못했다. 이 눈길에 이 정도의 거리를 탈 수 있으려면 우리 체력으론 안 되고, '육군 산악자전거 부대원'쯤 돼야 가능할 것 같다.

그러나 되돌아오는 길도 여전히 재미있다. 올 때 본 그 길로 돌아가는데 풍경은 더 운치가 있어 보인다. 보아도 보아도 질리지 않은 눈과 설원은 모든 라이더들에게 최고로 멋진 놀이터다.

영화 러브스토리처럼 설원에 드러누워도 보고, 굴러도 보고, 경사진 비탈 밭에서 스키 라이딩도 해보고…. 오늘 이 행복이 마치 마지막이기라도 한 듯 모두는 눈밭에서 떠나려 하지 않는다.

눈 쌓인 겨울이면 내가 가장 즐겨 읽는 에세이가 있다. 김진섭의 수필 「백설부」다.

"온 천하가 얼어붙어서 찬 돌과 같이도 딱딱한 겨울날의 한가운데, 대체 어디서부터 이 한없이 부드럽고 깨끗한 영혼은 아무 소리도 없이 한들한들 춤추며 내려오는 것인지….(중략)

가령 우리는 어젯밤에 잘 적엔 인생의 무의미에 대해서 최후의 단안을 내린 바 있었다 하더라도, 적설(積雪)을 조망하는 이 순간만은 생(生)의 고요한 유열(愉悅)과 가슴의 가벼운 경악을 아울러 맛볼지니, 소리 없이 온 눈이 소리 없이 곧 가버리지 않고 마치 그것은 하늘이 내리어 주신 선물인거나 같이 순결하고 반가운 모양으로 우리의 마음을 즐겁게 하고, 또 순화(純化)시켜 주기 위해서 아직도 얼마 사이까지는 남아 있어 준다는 것은, 흡사 우리의 애인이 우리를 가만히 몰래 습격함으로 의해서 우리의 경탄과 우리의 열락(悅樂)을 더 한층 고조하려는 그것과도 같다고나 할는지!

우리의 온밤을 행복스럽게 만들어 주기는 하나, 아침이면 흔적도 없이 사라지는 감미한 꿈과 같이 그렇게 만족스럽다고는 할 수 없어도 한번 내린 눈은, 그러나 그다지 오랫동안은 남아 있어 주지는 않는다.

이 지상의 모든 아름다운 것은 슬픈 일이나 얼마나 단명(短命)하며 또 얼마나 없어지기 쉬운가! 그것은 말하자면 기적같이 와서는 행복같이 달아나 버리는 것이다."

눈은 기적같이 와서는 행복같이 달아나버린다! 고조된 열락은 유감스럽게도 오래 머물지 않는다. 그러기에 느낄 수 있는 시간이 짧을수록 짜릿한 법. 행복이 그렇다.

오늘 타지 못한 나머지 구간은 숙제로 남겨두자. 다음 번 스노 라이딩은 대기리에 첫눈이 내리는 날을 택해보고 싶다. 기왕이면 함박눈이 펑펑 내리는 그날이면 좋겠다. 또 다른 설렘으로 다가올 겨울을 기다리는 것도 행복이다. 기다릴 때까진 그 행복이 달아나지 않고 내 곁에 머물고 있을 테니까.

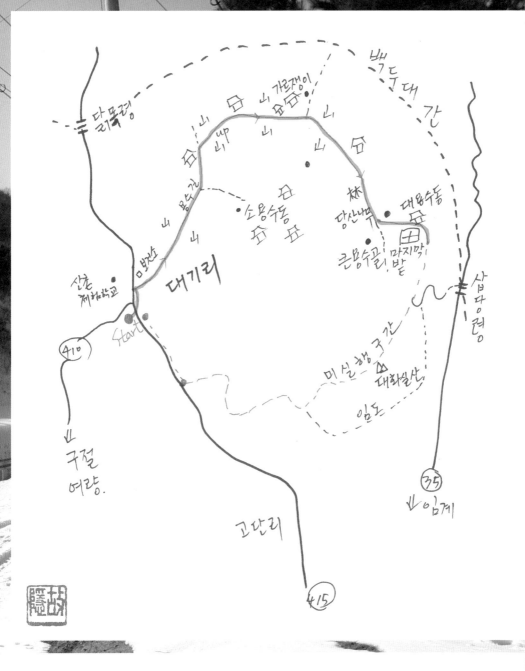

* 백두대간 대기리 설원 (단위 km)

대기리 – 2.8 – 큰용수동 – 1 – 가르쟁이 – 3.5 – 대용수동 – 0.5 – 마지막 밭 – (대화실산 임도) – 14 –
도로(415) – 0.5 – 대기리

자전거는 나에게 행복을 선사한다

어쩌다가 PD가 되어서 30년 이상 한 직장에서 일하고 이제 제2의 인생을 준비할 때가 됐습니다. 가만히 생각해보니 내가 만약 내 삶의 에너지 대부분을 쏟아부었던 다큐멘터리 PD가 되지 않았더라면 나는 아무짝에도 쓸모없는 사람이 되었을지 모르겠다는 생각이 듭니다. 상과대학을 나왔지만 이재에도 둔하고, 그렇다고 별다른 능력도 없는 내가 PD 말고 적성에 맞을 다른 직업을 찾을 자신감이 없기 때문입니다. 다큐멘터리 제작을 위해서는 현장에서 많은 시간을 보내야 하는 까닭에 역마살이 다분한 내게 딱 맞았던 것입니다.

역마살은 자연스레 여행 취미로 이어졌습니다. 여행은 오래전부터 나의 로망이었습니다. 먼 데까지 가는 여행은 대학생 때 본격적으로 시작됐습니다. 1983년 22일간 일정의 백두대간 무전여행에서 오대산 북대사를 지날 때 보았던 산맥의 광활한 풍경, 내린천 상류의 전기도 들어오지 않은 명개리 마을, 울진 왕피천, 봉화 분천의 낙동강 상류와 여름방학 한 달을 보냈던 군위 동산리의 팔공산 산중…. 대학 시절 나의 국토기행 이력입니다.

PD가 되면서 나의 여행지는 그 폭이 넓어졌습니다. 나는 30여 년 현업 생활 동안 부지런히도 출장을 다녔고, 그 결과 우리나라 군 소재지 중 스쳐 지나지 않은 곳이 거의 없을 정도로 전국을 두루두루 다녔습니다. 나의 여행 이력을 또 한 단계 업그레이드 한 것은 자전거를 입문한 이후부터입니다.

2001년경 직장 내 MTB 동호회에 가입한 것이 계기가 되었는데 그다지 흥미를 느끼지 못해 자전거는 베란다에서 녹이 슬고 있었습니다. 그 무렵 등산으로 무릎을 다친 후 한의사 권유로 우연히 자전거를 타기 시작하면서 자전거의 매력에 빠져들어갔습니다. 처음엔 한강 자전거 길을 타도 즐거웠는데, 그 뒤 임도를 타보니까 도로가 시시해졌고, 이어 싱글, 즉 좁은 오솔길을 타보니 이젠 임도가 시시해졌습니다. 싱글에 빠지면서 산 능선만 바라보면 자전거 라이딩의 욕구가 생기더군요. 그런 덕에 나는 지금 서울 근교 산의 능선은 거의 절반은 타봤던 것 같습니다. 그러나 횟수에 비해 타는 기술은 형편없습니다. 워낙 조심해서 타기 때문이지요. 어쨌든, 자전거는 나에게 행복을 선사한 도구였습니다. 산에만 가면 우울증이 없어지니까요.

　자전거 라이딩의 재미를 한 단계 더 끌어올린 것은 자전거를 여행에 접목하면서 부터입니다. 7년 전 의기투합해 만든 '산들길 바이크' 동호인 모임에서 나는 코스를 짜고, 사진을 찍고, 길 안내를 담당하는 로드 마스터 역할을 맡게 됐습니다. 방송 PD이니 인문지리 정보를 많이 알고 있을 것으로 생각한 동호인들이 나를 추천한 것입니다.

　그렇게 해서 7년 째 정기 라이딩 모임의 길잡이 역을 맡아오고 있지만, 그게 사실은 조금 성가신 일이었습니다. 그런데도 이 일을 꾸준히 이어올 수 있었던 것은 동호인들의 칭찬 덕분이었던 것 같습니다.

　라이딩을 마칠 때쯤 동호인들은 "김 PD님! 오늘 코스 좋았습니다!" 했고, 내가 찍은 라이딩 사진을 보내주면 "아, 김PD! 사진 멋져요!" 했습니다. 그 덕분에 자전거 여행 사진 파일의 수가 엄청 늘어났습니다. 돌아와서 작성한 여행 후기를 카페에 올리면 "멋져요. 김 PD 글은 꼭 내가 현장에서 자전거를 타고 여행하는 것 같네요." 이런 칭찬 한마디에 후기는 어느새 책 몇권 분량이 되었습니다.

　그 즈음, 동호인들은 여행기를 묶어서 출간을 해보라고 권유했습니다. 같은 말도 여러 번 반복해서 듣게 되면 세뇌가 되는지 결국 책을 출간할 기회가 찾아왔습니다. 그러나 사진이나 여행기록은 책을 내기에 분량이 많이 부족했습니다. 그래서 퇴근을 하고 짬짬이 원고를 손보고, 사진을 고르고, 코스 지도를 그려보았지만 책 한 권을 낸다는 게 어려운 일인지 이제야 깨닫게 됐습니다.

출간을 준비하면서 인생을 새로 배우게 됐습니다. 이 책을 내기까지 많은 분들의 도움이 있었습니다. 나와 함께 자전거를 탄 산들길 바이크, 감성 라이더스, 팔각 라이더스, B2C 동호인들께 감사를 드립니다. 책이 출간되도록 용기를 준 윤형 회장, 김명기 교수, 홍솔 작가, MBC PD수첩 정재홍 작가, KBS 예능국 김승우PD에게 감사드립니다.

손종수 감독, 이규하 감독, 그리고 김동걸, 정재열, 조해영, 이창연 등 친구들, 사무실에 남아 원고 쓰느라 민폐를 끼쳤음에도 싫은 내색하지 않고 격려해준 KBS〈다큐멘터리3일〉최 기록 팀장과 후배 PD들에게 감사드립니다. 그밖에도 책이 나오도록 격려해준 직장과 사회의 선후배, 초·중·고·대학교 친구와 선후배들께 감사드립니다. 허접한 글과 사진을 잘 다듬어준 미다스북스 모든 편집진께 진심으로 감사드립니다.

자전거에 빠지면서 가장으로서 집안일을 잘 살펴주지 못했음에도 이해하고 격려해준 나의 가족에게 고마움을 전합니다. 동생의 책 출간 소식을 누구보다 기뻐하던 옥선 누님이 건강을 더 회복하기를 소망하며 기도합니다. 끝으로 이 책은 지난해 가을 향년 98세로 영면하신 어머니(故 이필연)의 영전에 바칩니다. 감사합니다. 🟥

2019년 11월

저자 고은(故隱)김영환

"자전거 여행은 행복을 찾아가는 여행이다."

자전거 여행은 행복의 보따리를 채우는 여행이다.

그래서 나는 오늘도 100가지 약속을 미루고 또다시 라이딩을 떠난다.

"자전거 여행은 시간을 찾아가는 여행이다."
자전거 여행은 내 기억 속 공간을 소환하는 여행이다. 기억을 찾아가는
여행은 풋풋한 사랑을 떠올릴 때 느낌처럼 언제나 애틋하고 행복한 일이다.